抖音盒子

开店、装修与运营

从入门到精通

陈 进 / 编著

清華大学出版社

内 容 简 介

抖音盒子作为一种新型卖货渠道，代表着各领域发展的新趋势和新方向，其对人们的购物方式产生了很大的影响。学习抖音盒子的开店、装修与运营技巧，是广大商家寻找全新商业变现之路的开始。

本书旨在帮助大家找到适合自己的抖音盒子运营技巧，轻松有效地实现运营目标。本书具体内容安排如下。

开店篇：主要介绍了抖店和抖音盒子，以及开通抖店和商品管理的相关内容。

装修篇：主要介绍了抖店装修和视觉设计的操作步骤和方法。

运营篇：主要介绍了店铺运营、内容运营、流量运营和营销推广的相关内容。

本书不仅能够帮助普通抖音盒子运营者快速掌握运营技巧，有效地提高自身的带货收益；还能够帮助广大商家开通自己的抖音小店，开启电商运营之路；同时也能够让普通大众增加对抖音盒子的了解，快速玩转抖音盒子运营。

图书在版编目（CIP）数据

抖音盒子：开店、装修与运营从入门到精通 / 陈进编著 . —北京：清华大学出版社，2023.1

ISBN 978-7-302-62059-4

Ⅰ．①抖… Ⅱ．①陈… Ⅲ．①网络营销 Ⅳ．① F713.365.2

中国版本图书馆 CIP 数据核字（2022）第 192698 号

责任编辑：贾旭龙
封面设计：长沙鑫途文化传媒
版式设计：文森时代
责任校对：马军令
责任印制：刘海龙

出版发行：清华大学出版社
  网 址：http://www.tup.com.cn，http://www.wqbook.com
  地 址：北京清华大学学研大厦 A 座   邮 编：100084
  社 总 机：010-83470000   邮 购：010-62786544
  投稿与读者服务：010-62776969，c-service@tup.tsinghua.edu.cn
  质量反馈：010-62772015，zhiliang@tup.tsinghua.edu.cn
印 装 者：涿州汇美亿浓印刷有限公司
经 销：全国新华书店
开 本：145mm×210mm **印 张：**7.75 **字 数：**206 千字
版 次：2023 年 3 月第 1 版   **印 次：**2023 年 3 月第 1 次印刷
定 价：79.80 元

产品编号：097355-01

推荐语

何岩 ｜ 汇学教育事业合伙人，汇学教育总经理，《抖音电商》作者

　　作为一位资深抖音专家，帮助过数百个企业成功布局抖音电商。客观地讲，抖音盒子是兴趣电商闭环的落脚点，在抖音和字节跳动的输血之下，下一个"颠覆行业"的电商平台也许很快就能成长起来。

陈夏晴 ｜ 汇淘流量研究院创始人，汇学教育企业内训首席官

　　抖音盒子作为一种新兴的电商渠道，引起了越来越多的商家的注意。在流量价格居高不下的情况下，商家越早进入抖音电商领域，越容易获得便宜的流量。本书讲述了抖音盒子的核心，并分析了大量的实战案例，从而帮助大家实现零基础也能快速精通抖音盒子。

杨丽瑜 ｜ 汇学教育华师校区校长，汇学教育资深课程顾问，前中国电信内训总监和运营总监

　　抖音电商是未来的大趋势，早入局跟晚入局不一样，但无可辩驳的是这个赛道中的竞争会越来越激烈，因此抖音电商行业的从业者需要不断学习才能提升自己的职业素养。这本书从抖音盒子这个属于年轻人的潮流时尚电商平台入手，为大家提供了更多更好的变现方法，值得用心阅读。

李奇骏 ｜ 汇学教育集团教学总监，汇学教育集团企业导师，汇学教育集团 TTT 特训讲师

抖音盒子是抖音电商业务单独开发的一款独立电商 App。抖音盒子的出现恰好解决了抖音兴趣电商流量价值低的一大痛点，它可以将内容生态做区分，低价值流量用于娱乐，高价值流量用于"种草"。同时结合抖音完善的内容生态和巨大的日活跃用户体量，它的竞争力一定非常强大。抖音盒子的出现对于传统电商平台来说开创了一个最卷的时代，但是对于我们普通的电商创业者来说却是一个最好的时代！

曾位雄 ｜ 汇学教育金牌讲师，汇学教育企业导师，资深电商营销专家

对于想涉足电商领域的普通人来说，现在绝对是个小风口！像淘宝刚上线的时候，只要你在上面开店，躺着都能赚钱。现在还是一样，抖音一定会为了打造平台，推出大量优惠政策吸引商家入驻，前期也不会设置特别复杂的店铺运营规则。你只要跟得上节奏，发挥在短视频和直播上的创意优势，这绝对是个起飞的好时机。

抖音盒子是抖音官方推出的一个电商营销推广平台，运营者可以直接将抖音小店中的商品添加到该平台进行销售。对此，商家可以开通自己的专属抖音小店，然后创建商品。这样，只要在运营者发布的内容中添加了商家的商品，那么相关商品便可以获得更多的流量和销量。

开通抖音小店之后，商家可以对店铺进行装修和视觉设计，以增强内容和商品对用户的吸引力，让更多用户查看并购买你的商品。

同时，商家和运营者还可以通过店铺运营、内容运营、流量运营和营销推广增加店铺、商品和内容的曝光量，引导更多用户购买商品，从而有效地提升自身的运营收益。

开通抖店、装修设计和运营推广是抖音盒子运营的核心内容，本书将对这3个重点内容进行全面的讲解，增加读者对抖店和抖音盒子的认知，让运营新手也能实现年赚百万的梦想。

没有运营经验或对抖店、抖音盒子运营不了解的读者也不要担心，本书结合笔者的运营经验对相关内容进行了讲解，而且对部分重要内容还展示了具体的操作步骤。因此，即便是新手，也能快速看懂并运用本书中的相关技巧，有效地提升自身的运营和变现能力。

需要特别提醒的是，在编写本书时，笔者是基于当前各平台和软件截取的实际操作图片，但书从编辑到出版需要一段时间，在这段时间里，软件界面与功能会有调整与变化，这是软件开发商做的更新，请在阅读时，根据书中的思路，举一反三，认真学习。

本书由陈进编著，参与编写的人员还有高彤、王萍、赵厚池等，在此表示感谢。由于作者水平有限，书中难免有疏漏之处，恳请广大读者批评、指正。

编 者

2023 年 2 月

CONTENTS
目录

01 开店篇

第1章　认识盒子：打开年轻人的兴趣电商大门.................002

1.1　初步了解：抖音盒子的前世今生 003

1.1.1　发展历程：字节跳动的电商探索之路 003

1.1.2　具体分析：字节跳动做电商有何胜算 007

1.1.3　电商转型：从"导流"到"自营" 008

1.1.4　电商升级：从"被动"到"主动" 010

1.2　加深认知：了解抖音盒子...011

1.2.1　了解概念：什么是抖音盒子...................................011

1.2.2　分析目的：为何上线抖音盒子 012

1.2.3　运营理由：为何要入驻抖音盒子 013

1.2.4　运营规范：如何避免出现违规 016

1.3　面临挑战：如何解决遇到的各种难题.............................018

1.3.1　占领心智：用户如何感知抖音盒子 019

1.3.2　习惯培养：如何让更多用户改变消费习惯.......................019

1.3.3　生态闭环：吸引更多商家入驻抖音盒子.........................020

第2章　玩转盒子：解读抖音潮流时尚电商平台.................022

2.1　商家入驻：了解基本的操作方法.................................023

2.1.1　入驻平台：获得抖音盒子的运营权限 ⋯⋯⋯⋯⋯⋯⋯⋯⋯023

2.1.2　开启同步：将抖音内容共享至抖音盒子 ⋯⋯⋯⋯⋯⋯⋯025

2.1.3　开通橱窗：获得抖音平台的带货权限 ⋯⋯⋯⋯⋯⋯⋯⋯026

2.2　界面介绍：了解抖音盒子的布局 ⋯⋯⋯⋯⋯⋯⋯⋯⋯⋯⋯⋯029

2.2.1　首页界面：展示抖音5大功能 ⋯⋯⋯⋯⋯⋯⋯⋯⋯⋯⋯⋯029

2.2.2　订阅界面：关注账号的信息 ⋯⋯⋯⋯⋯⋯⋯⋯⋯⋯⋯⋯⋯032

2.2.3　消息界面：展示各种互动信息 ⋯⋯⋯⋯⋯⋯⋯⋯⋯⋯⋯⋯033

2.2.4　加购界面：展示和管理购物车 ⋯⋯⋯⋯⋯⋯⋯⋯⋯⋯⋯⋯034

2.2.5　我的界面：展示账号运营功能 ⋯⋯⋯⋯⋯⋯⋯⋯⋯⋯⋯⋯036

2.3　掌握功能：高效地运营抖音盒子 ⋯⋯⋯⋯⋯⋯⋯⋯⋯⋯⋯⋯037

2.3.1　订单功能：管理订货凭据 ⋯⋯⋯⋯⋯⋯⋯⋯⋯⋯⋯⋯⋯⋯037

2.3.2　创作功能：提高运营效率 ⋯⋯⋯⋯⋯⋯⋯⋯⋯⋯⋯⋯⋯⋯038

2.3.3　客服功能：提供咨询渠道 ⋯⋯⋯⋯⋯⋯⋯⋯⋯⋯⋯⋯⋯⋯040

2.3.4　地址功能：设置收货地址 ⋯⋯⋯⋯⋯⋯⋯⋯⋯⋯⋯⋯⋯⋯042

2.3.5　设置功能：使用平台功能 ⋯⋯⋯⋯⋯⋯⋯⋯⋯⋯⋯⋯⋯⋯044

2.3.6　主页功能：编辑账号资料 ⋯⋯⋯⋯⋯⋯⋯⋯⋯⋯⋯⋯⋯⋯045

第3章　开通抖店：快速获得你的专属抖音小店 ⋯⋯⋯047

3.1　PC端入驻：通过电脑端获取抖音小店 ⋯⋯⋯⋯⋯⋯⋯⋯⋯⋯048

3.1.1　入驻须知：了解要准备的资料 ⋯⋯⋯⋯⋯⋯⋯⋯⋯⋯⋯⋯048

3.1.2　查看流程：了解小店入驻的步骤 ⋯⋯⋯⋯⋯⋯⋯⋯⋯⋯⋯049

3.1.3　具体操作：根据提示完成入驻 ⋯⋯⋯⋯⋯⋯⋯⋯⋯⋯⋯⋯050

3.2　其他入驻：掌握具体的操作方法 ⋯⋯⋯⋯⋯⋯⋯⋯⋯⋯⋯⋯056

3.2.1　手机入驻：利用移动端获得抖音小店 ⋯⋯⋯⋯⋯⋯⋯⋯⋯057

3.2.2　其他主体：全球购商家入驻的操作流程 ⋯⋯⋯⋯⋯⋯⋯⋯058

3.3　问题解决：抖音小店入驻的常见问题 ⋯⋯⋯⋯⋯⋯⋯⋯⋯⋯061

3.3.1　常见问题：查看抖店官方的问答 ⋯⋯⋯⋯⋯⋯⋯⋯⋯⋯⋯061

3.3.2　问题解决：了解常用的应对方法 ⋯⋯⋯⋯⋯⋯⋯⋯⋯⋯⋯062

第4章　商品管理：提升商品创建效率，实现高效带货 ⋯⋯064

4.1　创建操作：将商品上传至抖音小店 ⋯⋯⋯⋯⋯⋯⋯⋯⋯⋯⋯065

4.1.1　单个商品：一个一个进行创建 ⋯⋯⋯⋯⋯⋯⋯⋯⋯⋯⋯⋯065

4.1.2　组合商品：多个商品一起创建 ⋯⋯⋯⋯⋯⋯⋯⋯⋯⋯⋯⋯067

4.1.3　运费设置：创建一个通用模板 068

4.1.4　商品素材：一键制作粉丝商品卡 069

4.1.5　商品分组：更好地进行分类管理 071

4.1.6　商品备用：先将商品放入仓库中 073

4.1.7　信息优化：提高商品的转化率 075

4.2　添加商品：为抖音盒子带货进行服务 076

4.2.1　橱窗添加：将商品上传备用 076

4.2.2　视频添加：销售关联的宝贝 079

4.2.3　直播添加：通过购物车销售商品 082

4.3　服务保障：增强用户的消费意愿 085

4.3.1　退货保障：开通运费险服务功能 086

4.3.2　极速退款：提高售后的处理效率 088

4.3.3　安心购物：为用户提供服务承诺 088

02 装修篇

第 5 章　店铺装修：提高抖音小店的商品转化率 092

5.1　基础入门：了解店铺装修的相关信息 093

5.1.1　具体含义：什么是抖音小店装修 093

5.1.2　主要内容：抖音小店页面的装修 093

5.1.3　常见问题：了解解决的方法 095

5.2　抖音小店装修：抖音端的店铺装修技巧 097

5.2.1　装修条件：账号获得相关权限 098

5.2.2　页面版本：创建和调整的方法 098

5.2.3　具体方法：抖音小店各页面的装修 101

5.2.4 保存生效：应用已装修的版本 104

5.2.5 组件设置：有序展示营销内容 106

第 6 章 视觉设计：为抖音小店带来更多的流量 117

6.1 设计元素：抖店视觉设计的 3 个关键点 118

6.1.1 点元素：最为简单的视觉图形 118

6.1.2 线元素：构成流动性的视觉效果 118

6.1.3 面元素：多种图形突出商品卖点 119

6.2 视觉表达：将相关信息传递给目标用户 120

6.2.1 视觉时效：抢占用户的第一印象 120

6.2.2 视觉利益：锁定事关利益的敏感词 120

6.2.3 视觉认同：利用名人提升好感度 121

6.2.4 视觉信任：加入店铺的服务信息 122

6.2.5 视觉价值：抓住用户取向和喜好 123

6.2.6 视觉细节：重点展示商品的优势 123

6.3 了解原因：抖店为什么要做视觉设计 124

6.3.1 观赏层面：提高页面的美观度 124

6.3.2 展示层面：重点信息突出显示 125

6.3.3 销售层面：提高用户的下单意愿 126

6.4 色彩布局：增强抖店的页面展示效果 126

6.4.1 色彩常识：了解色调的相关知识 127

6.4.2 配色方案：制造出美的色彩组合 128

6.4.3 配色技巧：色彩设计要符合主题 132

6.5 设计策略：抖店视觉营销技巧讲解 132

6.5.1 突出展示：将重点信息放在显眼的位置 132

6.5.2 信息契合：场景与商品视觉带入一致 133

6.5.3 一秒法则：用户能快速把握重点信息 133

6.5.4 富有创意：让用户觉得有东西可看 134

6.5.5 色彩绚丽：增强视觉表现力和冲击力 135

6.5.6 调动联想：利用人的感官增加购买欲 136

03 运营篇

第7章 店铺运营：抖音小店的精细化管理运作 138

7.1 商品运营：找到爆款打造方案...139

7.1.1 选品渠道：快速找到合适的商品...................................139

7.1.2 选品技巧：找出优质的带货商品...................................143

7.1.3 一键上架：添加其他平台的商品...................................145

7.1.4 卖点提炼：增加商品的吸引力 147

7.2 运营规则：合规经营做大做强...148

7.2.1 抖店命名：设置店铺名称的规则...................................148

7.2.2 信息发布：商品信息的发布规范...................................151

7.2.3 避免违规：了解商家行为管理规则...............................154

7.3 店铺操作：提高抖店的运营效率...155

7.3.1 店铺会员：引导用户入会 155

7.3.2 店铺客服：提升用户购买欲...155

7.3.3 订单管理：提高发货的效率...158

7.3.4 订阅设置：对消息进行筛选...159

7.3.5 服务市场：合理利用平台资源.......................................161

第8章 内容运营：兴趣电商内容流量运营逻辑 163

8.1 定位方法：持续输出热门内容...164

8.1.1 找准痛点：用内容吸引精准用户...................................164

8.1.2 换位思考：站在用户的角度去思考...............................167

8.1.3　自我认知：根据自身特点输出内容 168

8.1.4　具体标准：了解内容定位的 6 个标准 170

8.1.5　定位规则：保证内容的方向不出现偏差 171

8.2　视频拍摄：抖音盒子的短视频怎么拍 173

8.2.1　外观拍摄：重点展示商品的特别设计 173

8.2.2　呈现效果：围绕商品的功能进行拍摄 174

8.2.3　综合展示：全面展示商品的外观和功能 175

8.2.4　穿搭视频：展示商品良好的上身效果 175

8.2.5　美妆视频：让用户看到商品的使用效果 177

8.3　图文制作：抖音盒子的图文内容怎么做 178

8.3.1　图片布光：拍出清晰好看的画面效果 178

8.3.2　构图选择：让画面更有冲击力和美感 179

8.3.3　拍摄技巧：提升商品图片的视觉效果 180

8.4　直播打造：抖音盒子的直播内容怎么做 183

8.4.1　符合定位：根据账号方向策划内容 183

8.4.2　目的导向：根据直播目的策划内容 184

8.4.3　紧跟热门：根据内容热度策划直播 184

第 9 章　流量运营：流量精准就意味着转化更高 186

9.1　常见误区：不正确的流量观念 187

9.1.1　多做无益：流量都是平台自动推送的 187

9.1.2　必须用钱：要获得更多的流量就得花钱 187

9.1.3　不做推广：只要内容好流量自然就会多 187

9.1.4　认知错误：流量与收益没有直接的关系 188

9.2　自然流量：利用搜索功能引流 188

9.2.1　引流前提：提升流量的精准性 189

9.2.2　调整排序：搜索流量的排名规则 189

9.2.3　排名原理：搜索流量的构成模型 192

9.2.4　排名优化：搜索关键词的布局 196

9.3　掌握技巧：找到合适的引流方法 198

9.3.1　红包引流：增加用户的停留时间 198

9.3.2 福袋引流：引导用户分享直播间 200

9.3.3 话题引流：让获得的流量更加精准 202

9.3.4 热点引流：提高内容的受欢迎程度 203

9.3.5 笔记引流：提高视频内容的点击率 203

9.3.6 口碑引流：将带货好评转化为流量 206

9.3.7 账号引流：为用户提供你的联系方式 207

第 10 章 营销推广：吸引用户关注，带来大量流量 208

10.1 常用工具：利用抖店后台做好营销 209

10.1.1 购买优惠：给潜在顾客发放优惠券 209

10.1.2 限时限量：适当地给用户一些压力 211

10.1.3 满减活动：让用户享受到一些福利 212

10.1.4 定时开售：通过预热造势引爆销量 214

10.1.5 拼团活动：吸引大量用户同时下单 214

10.1.6 定金预售：开售前先获取一些订单 216

10.1.7 拍卖活动：让商品以较高价格售出 218

10.1.8 裂变营销：刺激用户分享你的直播 220

10.2 推广技巧：掌握营销的实用方法 222

10.2.1 活动营销：让更多用户看到你的商品 222

10.2.2 广告推广：让平台主动给你做推流 224

10.2.3 分享推广：将内容转发给目标用户 225

10.2.4 评论推广：有效增加账号的曝光量 228

10.2.5 同步推广：将视频共享至抖音平台 230

10.2.6 讲解推广：增加直播商品的曝光量 231

01 开店篇

第1章
认识盒子:
打开年轻人的
兴趣电商大门

2021 年年底推出的抖音盒子 App,进一步完善了抖音的电商体系,并承载了字节跳动的"电商独立"之梦。本章,笔者就带大家认识抖音盒子,帮助大家打开年轻人的兴趣电商大门。

1.1　初步了解：抖音盒子的前世今生

字节跳动为什么推出抖音盒子呢？抖音盒子的出现会改变未来的电商市场吗？本节将分析抖音盒子的前世今生，带大家找出这些问题的答案。

1.1.1　发展历程：字节跳动的电商探索之路

字节跳动在电商领域已经探索了 8 年之久，从最初的"今日特卖"，到后来的"放心购""值点商城"，再到如今的抖音小店和抖音盒子，就像阿里巴巴的"社交梦"一样，字节跳动的"电商梦"一路走来从未放弃。下面，笔者就为大家简单地讲解字节跳动的电商探索之路。

1. 今日特卖

2014 年，字节跳动基于今日头条平台推出了"今日特卖"电商板块，这是一个电商导购功能，主要是通过今日头条为第三方电商平台导流。

"今日特卖"是字节跳动试行电商的第一次探索，采用的是类似淘宝客的佣金模式。运营者可以在该平台插入天猫、京东、唯品会、1 号店等平台的商品链接。在今日头条的"推荐"界面中，采用消息流的形式展现"今日特卖"板块中的推广商品。当用户点击商品链接后，即可跳转到相应的电商平台完成购买行为。

2. 京条计划

2016 年，字节跳动旗下的今日头条已经成为紧跟腾讯的第二大流量池，也希望通过电商业务来充分发挥流量价值。2016 年 9 月 27 日，字节跳动与京东宣布推出"京条计划"，京东在今日头条 App 上开设了一级购物入口"京东特卖"，为京东及其平台上的商家导流。

3. 放心购

2017 年 9 月，字节跳动再次涉足电商业务，在今日头条 App 中上线了"放心购"栏目。"放心购"又被拆分成"放心购 3.0"和"放心购鲁班"两个商品线。其中，"放心购 3.0"主要负责传统电商业务；"放心购鲁班"则类似淘宝直通车，在推荐页上展示广告商品。

"放心购"主要依托自媒体平台的流量，商家可以与头条号达人进行付费合作，或者运营自己的头条号，通过发布文章的形式导流到商品页面，引导用户直接在线支付。在今日头条号后台的"发表文章"页面，除了可以插入图片、视频和音频等多媒体文件外，还可以将第三方平台的商品链接插入文章中，这样用户即可点击文章中的商品图片实现快速购买，同时带货达人也可以获取成交佣金收益。

当用户在今日头条 App 上看到运营者发布的内容后，只要点击其中的商品卡片，即可跳转到商品详情页，实现购买行为。通过这些在内容中嵌入电商的功能，打通了阅读场景和消费场景，头条号运营者可以向自己的粉丝推荐他们感兴趣的内容和商品，同时扩展更多的盈利空间。

4. 值点商城

2018 年，字节跳动在电商领域的动作越来越多。2018 年 9 月，今日头条推出了"值点商城"，其定位为"以用户为友，提供更好的商品、更低的价格和闭环服务"。今日头条通过"值点商城"推出不同人群的细分商品，以满足越来越个性化和多元化的用户消费需求。

"值点商城"是字节跳动电商业务布局中的一个重要应用，背靠今日头条的"值点商城"，其流量优势十分显著，再加上今日头条本身的品牌号召力，吸引了大量的头条号达人入驻。

兼容了电商功能与生活资讯的"值点商城"平台，一方面，可以提升用户黏性，延长他们的使用时间，从而促进更多的电商交易行为；另一方面，"值点商城"还可以打通自媒体和电商数据，让今日头条的推荐算法更加精准，甚至可以做到让商品自己去找消费者。

与此同时，字节跳动也开始发力抖音电商，在抖音 App 中全面开放"购物车"功能的同时，还支持达人搭建自己的店铺。同时，抖音和淘宝达成合作，通过抖音为淘宝导流，抖音迅速发展成为字节跳动的电商"新沃土"。

5．加强抖音电商的布局

2019 年，字节跳动再度加强抖音电商的布局，在升级"放心购"品牌的同时，还打通了抖音电商与"值点商城"业务，并上线了"小米商城""京东好物街"等多款电商小程序以及头条小店，同时还向所有用户开放商品橱窗功能。

其中，头条小店是字节跳动针对内容创作者推出的一个全新电商变现工具，运营者入驻后，可以同时在今日头条、西瓜视频、抖音、火山小视频等平台的个人主页中显示橱窗类的标签（有的平台显示的是"店铺"），如图 1-1 所示。头条小店支持个体工商户和企业入驻：个体工商户仅支持在线支付形式，需要提供资质信息和店铺信息进行审核；企业入驻支持货到付款和在线支付两种结算形式，而且只需要提供资质信息即可。

头条小店可以拓宽内容变现渠道，运营者可以通过微头条、视频、图集、直播和文章等内容来曝光商品，如图 1-2 所示，吸引粉丝购买，增加用户黏性，提升流量价值。同时，不是粉丝的用户也可以通过购买后直接转化为粉丝，从而形成完整的流量闭环。

图 1-1

图 1-2

　　抖音也进一步将直播权限的门槛降低，没有了粉丝人数的限制，同时打通了直播间和购物车，让运营者可以直接通过直播带货变现。但是，字节跳动当年的直播电商销售数据并不理想，整个抖音电商的全年 GMV（gross merchandise volume 的缩写，即成交总额）仅达到 100 亿左右，而淘宝直播电商的 GMV 高达 1800 亿，快手直播电商的 GMV 也有约 350 亿。

6. 谋求更大的独立性

　　在 2019 年年底推出抖音小店后，字节跳动开始逐步做自己的独立电商应用，并减少对于淘宝第三方电商平台的依赖。

　　2020 年 6 月，字节跳动成立电商事业部，并正式将抖音作为落实电商战略业务的核心平台。同时，抖音电商推出"精选联盟"平台，更好地撮合商家和达人之间的合作，并推出猜你喜欢、搜索等功能，增加商品的曝光度，提升流量。

　　2020 年 10 月，抖音全面禁止了第三方平台的商品链接，直播间购物车只能挂抖音小店的商品，这一动作意味着抖音小店的红利已经到来，同时降低了用户流失率。

　　2021 年，字节跳动为商家推出了抖店、巨量百应、巨量千川和抖店罗盘等经营工具，如图 1-3 所示，越来越多的品牌在抖店开设新阵地、开拓新人群、收获了生意新增长。

图 1-3

2021 年 12 月，字节跳动不仅推出了抖音盒子这个独立电商 App，还在抖音 App 首页内测商城入口。从平台上来讲，抖音电商不缺流量、不缺资源，毫无疑问，抖音电商是字节跳动可继续深挖的业务线之一。

1.1.2　具体分析：字节跳动做电商有何胜算

联网平台常用的变现方式包括广告、游戏和电商，以传统互联网三巨头为例，百度的主要变现方式为广告，腾讯的主要变现方式为游戏，而阿里巴巴的主要变现方式为电商。

字节跳动的流量已经不输于传统互联网三巨头了，这也让它有了多元化变现的基础。字节跳动的广告业务增长良好，游戏业务还处于探索阶段，电商业务则成为继广告之后最有可能成功的一个变现方式。

一直以来，电商体系最重要的供应链环节都被阿里巴巴牢牢掌握着，而抖音仅仅是其中的一个流量供应方，源源不断地向第三方电商平台输送精准的目标消费群体。单从电商平台的结构来看，"人""货""场"是不可缺少的 3 个要素，字节跳动已经具备了"人"（6 亿＋日活跃用户）和"场"（短视频＋直播带货）两个要素。

而字节跳动开发独立电商应用和建立电商品牌，就是在弥补"货"的缺陷。目前，字节跳动还没有强大的供应链体系和物流配送体系支持，同时抖店还处于成长阶段，单纯依靠抖店来提供货源是很难满足所有用户的消费需求的。

2020 年，字节跳动通过全资收购的方式拿下支付牌照和小贷牌照，打破了多年来互联网三巨头的固有格局，建立了"短视频＋直播→电商→交付"的完整商业闭环，并基于兴趣电商（即基于用户的兴趣爱好和对美好生活的向往，为其提供相应的商品或服务，来激发用户潜在的消费欲望，从而帮助用户提升生活品质的一种电商模式）走出一条不同于传统电商的商业道路。图 1-4 所示为兴趣电商的用户转化流程。

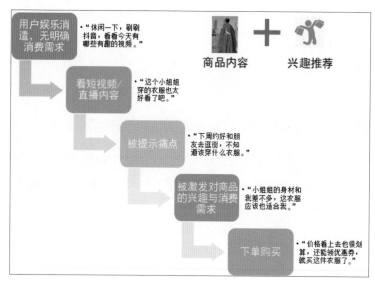

图 1-4

当然，抖音原则上还是一个内容平台，如果要做电商业务，还需要完善售后服务、物流配送和订单追踪等电商环节，同时还需要加强内容监管并剔除虚假商品。在被众多互联网巨头争夺的电商市场中，抖音只有创造出更新颖的商业模式，才可能真正突出重围。

前有淘宝、京东、拼多多等电商巨头阻拦，后有快手、小红书步步紧逼，抖音盒子能否承载起字节跳动的"电商梦"，无疑还有很长的路要走。

1.1.3　电商转型：从"导流"到"自营"

在进行独立电商业务布局之前，抖音的电商业务基本都是以导流外部电商平台商品为主，通过与淘宝、京东、拼多多等第三方电商平台合作，将其商品链接挂到直播间购物车或商品橱窗中。

与此同时，抖音电商还推出了精选联盟和抖音小店等平台，如图 1-5 所示，来逐渐摆脱对第三方电商平台的依赖。字节跳动希望通过打造抖音电商平台来掌握电商的整个交易环节，避免流量的外泄，以提高自身的电商交易规模。

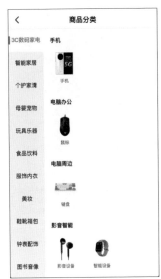

图 1-5

随后，字节跳动通过整合抖音、今日头条、西瓜视频等多个内容平台的电商业务，成立了电商业务部门，同时开始从"导流"加速转型为"自营"。为此，字节跳动对其电商业务进行了一系列调整，如关闭商品外链和加大自营电商平台的扶持力度等；推出巨量千川营销平台，用来提升图文、短视频和直播等内容的带货转化效果。

在字节跳动的积极转型之下，抖音电商获得了飞速发展，同时将 2022 年的 GMV 目标设定为两万亿元，这个数据已经超过了拼多多 2020 年全年的交易总额。根据 2021 年的"抖音双 11 好物节"数据显示，累计看播人次达 395 亿，成交额破千万（含破亿）的品牌达 577 个，单场成交额破千万（含破亿）的直播间达 282 个。

抖音电商还在积极扩展物流、支付等电商供应链业务，打造全新的"电商版图"。例如，抖音过去都是通过微信和支付宝进行支付的，为了实现电商闭环，抖音电商在 2020 年 8 月正式获得支付牌照，并于 2021 年 1 月 19 日在抖音 App 内正式上线抖音支付功能，如图 1-6 所示，进一步简化了下单路径。

图 1-6

1.1.4 电商升级：从"被动"到"主动"

字节跳动在抖音和抖音盒子等 App 中都加入了商品搜索功能，例如，在抖音 App 中，用户只要输入关键词便可以查找自己需要的商品，如图 1-7 所示，这也让用户的购物习惯从"被动种草"升级为"主动搜索"。

图 1-7

也就是说，抖音在兴趣电商的基础上，加入了传统电商的基本功能，可以更好地提升用户的购物体验。兴趣电商的优点在于被动推荐，能给用户带来惊喜感；但其缺点在于推荐算法有一定的局限性，并不能完全了解用户实时的购物需求。主动搜索则可以让有明确购物需求的用户通过搜索找到自己想要的商品。

另外，兴趣电商还有一个不足之处，那就是流量的稳定性和均衡性较差。例如，如果运营者发布的视频成为爆款，则能够为视频中的商品带来极大的流量和转化。但是，爆款是有一定的"时间效应"的，热度通常只会维持一个星期左右，而且那些没有成为爆款的短视频，其带货的商品也就无人问津了。

字节跳动在抖音电商中加入搜索功能，显而易见是想将其打造成一个综合性的电商平台，让内容电商和独立电商互相补充和赋能。

1.2　加深认知：了解抖音盒子

有的人可能连"抖音盒子"这个词都没有听说过，也就更不用说对抖音盒子有什么了解了。但是，对运营者来说，了解并运用好抖音盒子却是很有必要的，因为运营者可以通过在抖音盒子 App 上发布带货内容来增加商品的曝光量，从而提升自身的收益。这一节，笔者就来为大家讲解抖音盒子的一些基础知识，加深大家对抖音盒子的认知。

1.2.1　了解概念：什么是抖音盒子

什么是抖音盒子？抖音盒子是由字节跳动公司推出的一款独立电商 App，slogan（口号）为"开启潮流生活"，其背靠抖音的强大流量，有望成为下一个短视频＋直播带货风口。

抖音的电商布局之路由来已久，从 2018 年 8 月上线的抖音小店（购物车），到 2021 年年底推出的抖音盒子，抖音的"电商梦"已经沉淀了 3 年多的时间，如今终于步入正轨。抖音盒子的出现，表明了抖音已经开启了一条全新的商业化道路。

抖音盒子的定位是"潮流时尚电商平台"，在其应用描述中，软件介绍内容为："围绕风格、时尚、购物，从街头文化到高端时装，从穿搭技巧到彩妆护肤，和千万潮流玩家一起，捕捉全球流行趋势，开启潮流生活。"

从抖音盒子的应用介绍中可以看到，"潮流""风格""时尚""流行"等字眼不断被提及，可见其重点用户人群为一、二线城市中的年轻人群体，这一点与抖音当初的商品定位如出一辙。

2020年10月9日，抖音关闭了抖音直播间的所有电商外链，像淘宝、京东等其他第三方平台中的商品将无法再分享到直播间购物车中，同时全品类商品都需要通过巨量星图发送任务单才能上架购物车。

从2022年开始，抖音正式加码完善物流配送服务，在与各大快递公司展开合作的同时，还将推出自己的快递服务"音尊达"，以此来降低物流原因导致的退品率，同时提升用户复购率。抖音所有的这些操作，无不是在为自己的独立电商App——抖音盒子铺路，至于结果如何，就让大家拭目以待吧。

1.2.2 分析目的：为何上线抖音盒子

与其他互联网公司相比，字节跳动开始做独立电商无疑是比较晚的，天时已然不在，那么字节跳动为什么还要上线抖音盒子呢？

不少人看到字节跳动上线抖音盒子之后，可能认为这是在扩张抖音电商版图，这一点是毫无疑问的。自从2021年直播带货大火之后，抖音电商的规模迅速扩大。抖音盒子上线后，抖音电商将进一步加强平台端、用户端和商家端的联系，有助于构建完整的电商生态，并开发用户价值，相关分析如图1-8所示。

对于字节跳动来说，电商只是抖音生态的一部分，而不是全部，因为抖音究其根本仍然是一个内容平台，它与淘宝这种电商平台是有本质区别的。如果内容过于商业化，显然会给部分用户带来不好的使用体验。

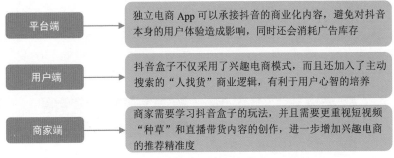

图 1-8

抖音盒子的上线，能够帮助抖音电商更好地适配"娱乐"与"商业"内容，让电商业务不再过度依附于抖音。另外，将抖音中的电商业务单独分离出来做成抖音盒子，可以更好地摆脱抖音本身带来的限制，从而进一步完善电商功能。

抖音盒子上线的另一个重要原因在于，字节跳动的广告收入已经接近天花板，流量基本见顶，从而出现日活用户增长乏力的现象，让平台的广告营收放缓，因此急需寻找新的盈利模式，而独立电商自然而然地被字节跳动押下了"重宝"。

1.2.3 运营理由：为何要入驻抖音盒子

抖音平台本身就拥有很大的流量，只要做好抖音号运营，便可以获得比较可观的收益。那么，为什么还要花费心力运营抖音盒子呢？这主要是因为运营抖音盒子有以下几个好处。

1．增加商品的曝光量

对于运营者来说，商品的宣传渠道越多，获得的曝光量通常也会越多。而抖音盒子又是一个相对独立的 App，部分用户可能会使用该 App 来查找或购买商品。因此，运营者可以通过在抖音盒子 App 中发布短视频或开直播来向用户展示商品，从而增加商品的曝光量。

例如，运营者可以为商品拍摄专门的短视频，展示商品的外观、功能和优势等信息，并在短视频中添加关联宝贝（即添加商品购买链接）。这样，随着运营者将短视频发布到抖音盒子 App 中，商品的曝光量也将随之增加。而且看到短视频之后，用户还可以点击"搜索视频同款宝贝"按钮，如图 1-9 所示。在弹出的"视频中识别到的宝贝"对话框中查看或购买商品，如图 1-10 所示。

图 1-9

图 1-10

2. 增加小店商品的销量

除了增加商品曝光量之外，运营抖音盒子还可以提升商品的销量。具体来说，运营者不仅可以通过短视频或直播宣传某些商品并提升其销量，还可以提升抖音小店中其他未宣传商品的销量。

通过短视频或直播宣传商品并提升商品的销量这一点很好理解，部分用户看到宣传内容之后，会更愿意购买商品，商品的销量自然就提升了。而抖音小店中未被宣传的商品的销量也提升了，这是因为绑定了抖音小店的账号中会出现店铺入口，用户可以进入抖音小店中购买商品。所以，有时候即便运营者没有通过短视频或直播进行宣传，抖音小店中的商品销量也提升了。

例如，某账号的主页界面便显示了"店铺"按钮，用户可以点击该按钮，如图 1-11 所示，即可进入对应抖音小店的"商品"选项卡，查看当前的在售商品。如果用户对某种商品感兴趣，可以点击该商品的封面或标题，如图 1-12 所示。执行操作后，即可进入商品的详情界面，如图 1-13 所示，用户可以在该界面查看或直接下单购买商品。

图 1-11　　　　　　　　图 1-12　　　　　　　　图 1-13

3. 更好地为用户提供服务

将抖音小店绑定账号之后，运营者还可以通过抖音盒子更好地为用户提供服务。例如，运营者可以在商品详情界面提供客服咨询入口，让有需要的用户点击"客服"按钮，与客服人员就商品的相关问题进行在线沟通，如图 1-14 所示。

4. 快速获取更多的粉丝量

只要运营者发布的内容比较有吸引力，那么有的用户便会选择订阅该账号，成为其粉丝。另外，抖音和抖音盒子的粉丝数据并不是互通的，也就是说，抖音盒子是另一个获取粉丝的有效渠道。通常来说，获取粉丝的渠道越多，运营者积累粉丝的速度就会越快。因此，运营抖音盒子账号对于快速获取更多的粉丝量、提高粉丝的整体消费能力也是有一定帮助的。

图 1-14

1.2.4 运营规范：如何避免出现违规

在运营抖音盒子账号的过程中，运营者可以通过如下步骤查看相关的协议和公约，并遵守好这些协议和公约，避免出现违规的情况。

Step 01 进入抖音盒子 App 的"我的"界面，点击界面中的"设置"按钮，如图 1-15 所示。

> **特别提醒** 运营者入驻并登录抖音盒子 App 才能进入"我的"界面，关于抖音盒子的入驻和登录，笔者将在 2.1 节进行介绍。

Step 02 执行操作后，进入"设置"界面，该界面的"关于"板块中会展示平台发布的协议和公约，运营者可以选择对应的选项，查看协议或公约的具体内容。例如，运营者要查看平台的用户协议，可以选择"用户协议"选项，如图 1-16 所示。

Step 03 执行操作后，即可进入"'抖音盒子'用户服务协议"界面，查看该协议的相关内容，如图 1-17 所示。

图 1-15

图 1-16

← "抖音盒子"用户服务协议

"抖音盒子"用户服务协议

版本日期【2021】年【12】月【08】日
生效日期【2021】年【12】月【08】日

导言

欢迎你使用"抖音盒子"软件及相关服务！

为了更好地为你提供服务，在你（以下或称"用户"）下载、安装、注册、登录、使用（以下统称"使用"）"抖音盒子"软件（包括网站及应用程序、小程序、SDK、API等技术形式的客户端）之前，你应当审慎阅读、充分理解《"抖音盒子"用户服务协议》（以下称"本协议"）及《"抖音"用户服务协议》、《"抖音"隐私政策》、《小店平台用户服务协议》、《小店隐私政策》，**特别是涉及免除或者限制责任的条款、权利许可和信息使用的条款、同意开通和使用特殊单项服务的条款、法律适用和争议解决条款等。其中，免除或者限制责任条款等重要内容将以加粗形式提示你注意，你应重点阅读。**

如你未满18周岁，请你在法定监护人陪同下仔细阅读并充分理解本协议，并征得法定监护人的同意后使用"抖音盒子"软件及相关服

← "抖音盒子"用户服务协议

5.2.3你制作、评价、发布、传播的信息（包括但不限于随拍或上传至"抖音盒子"平台的视频、商品/服务评价）应自觉遵守法律法规、社会主义制度、国家利益、公民合法权益、社会公共秩序、道德风尚和信息真实性等"七条底线"要求，否则公司有权立即采取相应处理措施。你同意并承诺不制作、复制、发布、传播下列信息：

（1）反对宪法确定的基本原则的；

（2）危害国家安全，泄露国家机密的；

（3）颠覆国家政权，推翻社会主义制度，煽动分裂国家，破坏国家统一的；

（4）损害国家荣誉和利益的；

（5）宣扬恐怖主义、极端主义的；

（6）宣扬民族仇恨、民族歧视，破坏民族团结的；

（7）煽动地域歧视、地域仇恨的；

（8）破坏国家宗教政策，宣扬邪教和封建迷信的；

（9）编造、散布谣言、虚假信息，扰乱经济秩序和社会秩序，破坏社会稳定的；

图 1-17

除了"抖音盒子"用户服务协议之外，运营者还需要查看并了解社区自律公约的相关内容。具体来说，运营者只需选择"设置"界面中的"社区自律公约"选项，便可进入"抖音盒子社区自律公约"界面，

查看该公约的具体内容，如图 1-18 所示。

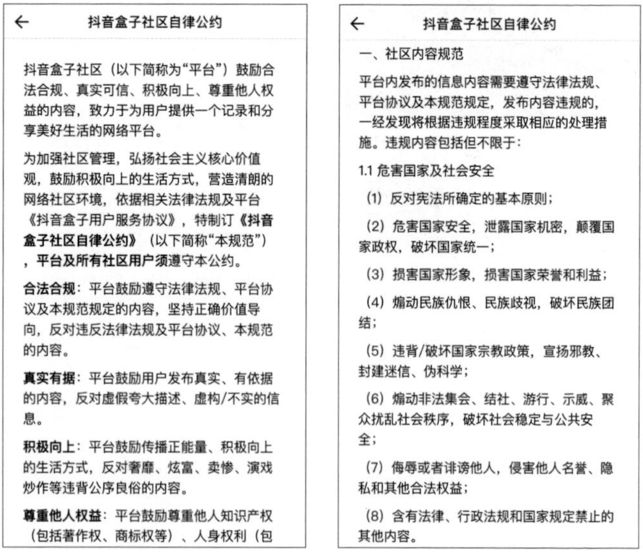

图 1-18

对于运营者来说，除了要了解上述协议和公约的相关内容之外，还需要根据协议和公约的要求运营账号。只有这样，才能尽可能地避免出现违规行为，让账号更加健康、有序地运营下去。

1.3 面临挑战：如何解决遇到的各种难题

字节跳动虽然是一个强大的"流量工厂"，但也并不是无所不能的，如腾讯和百度也曾频频布局独立电商业务，但均以失败告终。因此，字节跳动的抖音盒子也面临很大的挑战，如冷启动阶段如何获得新用户、如何建立用户心智等问题。

可以预见的是，字节跳动应该会从抖音、今日头条等其他字节系App 中为抖音盒子注入流量，同时用兴趣电商模式吸引用户，就像拼多多用社交电商模式从淘宝和京东两大巨头的夹缝中成功拼杀出来一样。未来，字节跳动能否用抖音盒子创造出新的电商格局，大家拭目以待吧！

1.3.1 占领心智：用户如何感知抖音盒子

抖音盒子面临的第一个问题就是用户心智（心智，互联网用语，一般指用户的思维模式）的建立，也就是说，用户如何感知抖音盒子这个新的电商平台。

抖音提出了一个全新的电商模式——兴趣电商，并表示可以通过短视频和直播内容激发用户潜在的消费兴趣，从而创造一种与传统电商相反的"货找人"模式，让商品的销量得到高速增长。

 众所周知，抖音的主要卖货渠道就是直播和短视频，而兴趣电商则是通过将兴趣推荐技术加入这些卖货渠道中，形成一种更加符合用户需求的新电商模式。

也就是说，用户去抖音的目的并不是购物，而是为了消费内容，在这个过程中，用户被内容中的商品"种草"而产生了交易行为。因此，用户对于抖音的心智仍然是"娱乐"，而非"买卖"，用户消费的是内容，而不是商品。

抖音盒子除了有兴趣电商的"货找人"模式外，还加入了传统搜索电商的"人找货"模式，这样就等于直接与淘宝、京东、拼多多等巨头抢夺市场。淘宝拥有"品类全＋活动多"的优势，京东拥有"品质好＋送货快"的优势，拼多多则拥有"性价比高＋玩法多"的优势，那么抖音盒子又将以什么作为卖点呢？

目前来看，抖音盒子仅抛出了"潮流电商"和"年轻人"的用户定位，但这个定位是否能够得到用户的认同还有待观察。

1.3.2 习惯培养：如何让更多用户改变消费习惯

抖音盒子上线以后，会有哪些人愿意主动下载使用呢？这也是字节跳动急需解决的问题。首先，抖音平台上的用户的主要目的还是消遣娱乐，他们之所以在平台上购物主要是因为一时的兴趣，这种交易行为通常是被动的、低频的。

但是，这些用户在基于本身的消费需求去购物时，他们的第一选择可能仍然是淘宝或京东这些传统电商平台。因此，对于抖音盒子来说，这种用户消费习惯的迁移难度是非常大的。

当然，字节跳动可以通过抖音等 App 暂时为抖音盒子导流，但是用户是否能长期使用抖音盒子购物，抖音能否将用户留存下来，这一点还犹未可知。另外，抖音盒子在商品品类、结算支付、促销活动、物流配送和售后服务等方面是否能够让用户感到满意，也会影响用户的消费习惯。

目前来看，抖音唯一的优势在于流量和内容，而且拥有比传统电商平台更加年轻化的用户画像，因此抖音仍然有很大的机会去改变年轻人的消费习惯，而且这类用户也是未来的主流消费群体。

1.3.3　生态闭环：吸引更多商家入驻抖音盒子

对于电商平台来说，用户和商家是相辅相成的，单有用户而没有商家是无法运营下去的，因为用户一旦在抖音盒子上买不到对应的商品，他们自然会去其他电商平台购买。因此，抖音盒子想要打造电商生态闭环，还需要吸引足够多的商家入驻。

当下，电商行业的流量成本越来越高，商家获取流量的难度也越来越大。同时，商家在入驻抖音盒子平台后，还需要单独学习平台的运营方法，以便在平台上获得更多的精准流量。尤其对于平台上的公域流量，商家需要付出大量的时间和金钱成本去重新投放广告，以不断地获取流量。也就是说，商家可能会同时运营多个电商平台，每个电商平台都需要付出大量成本，对于商家来说是一个极大的考验。

另外，字节跳动是否会将字节系 App 的所有流量全部导流到抖音盒子，至少目前还没有看到相关的动作。因此，很多商家开始将公域流量导流到自己的私域流量池，以便能够重复、低成本甚至免费地触达精准用户，做到一劳永逸。

同时，对于入驻抖音盒子的商家来说，短视频和直播的内容创作也需要耗费一定的成本。当然，目前平台拥有很多内容红利，而且越早布局的商家越能尽快获利。例如，抖音盒子推出了"抖音盒子体验官招募"活动，参与该活动的运营者可以获得现金奖励和周边奖励，如图 1-19 所示。

图 1-19

对于新手玩家来说，抖音盒子目前就像淘宝刚上线的时候一样，平台为了打造好抖音盒子，也会推出大量优惠政策吸引商家和带货达人入驻，门槛断然不会设置得太高。所以，趁大家目前都在同一起跑线上，只要我们用心经营和摸索，就可以利用好这个"起飞"的时机，冲击抖音盒子和兴趣电商的第一波红利！

第2章

玩转盒子：
解读抖音潮流
时尚电商平台

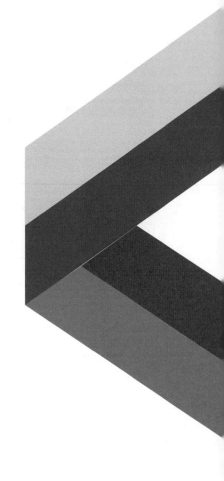

抖音盒子是一个潮流时尚的电商平台，运营者可以通过发布潮流时尚的内容，吸引用户的注意，达到带货的目的。本章，笔者就带大家玩转抖音盒子，增加大家对这个潮流时尚平台的了解。

2.1　商家入驻：了解基本的操作方法

抖音的电商布局之路由来已久，抖音盒子的出现，表明了抖音已经开启了一条全新的商业化道路。

根据《2022 抖音电商新品牌成长报告》数据显示，2020 年 3 月至 2021 年 11 月，已有 23% 的抖音用户购买过新品牌商品，且这一比例仍在不断提升。由此可见，抖音盒子未来可期。

本节主要介绍抖音盒子平台的入驻方法，不同类型的运营者可以采用不同的入驻方法，如带货达人可以直接通过抖音号进行登录并开通带货权限，商家则可以通过开通抖店的方式完成入驻。

2.1.1　入驻平台：获得抖音盒子的运营权限

运营者只需登录抖音盒子 App，便可以直接完成抖音盒子平台的入驻。而且如果运营者的抖音号开通了电商功能，还可以通过抖音号入驻抖音盒子平台，并在该平台发布带货内容。具体来说，运营者可以通过如下操作登录抖音盒子 App。

Step 01 打开抖音盒子 App，进入"推荐"界面，点击界面中的"我的"按钮，如图 2-1 所示。

Step 02 执行操作后，进入"欢迎登录"界面。❶运营者可以选中"已阅读并同意'用户协议'和'隐私政策'"前方的复选框；❷点击"使用上述抖音账号一键登录"按钮，如图 2-2 所示。

Step 03 执行操作后，即可使用默认抖音号登录抖音盒子 App，并自动进入"我的"界面，如图 2-3 所示。

除了使用默认抖音号登录之外，运营者还可以使用其他账号登录抖音盒子 App。具体来说，运营者可以点击"欢迎登录"界面（见图 2-2）中的"登录其他账号"按钮。执行操作后，运营者即可在跳转的"欢迎登录"界面中使用抖音号的认证手机号或者其他手机号登录抖音盒子 App，如图 2-4 所示。

抖音盒子：开店、装修与运营从入门到精通

图 2-1

图 2-2

图 2-3

图 2-4

特别
提醒

　　对于已注册了抖音号且已经开通电商功能，并支付了保证金的运营者来说，使用抖音号直接登录抖音盒子 App，比重新注册并进行登录要好得多。因为使用这样的抖音号登录，便可以直接在抖音盒子 App 中进行带货了。而新注册的账号要完成入驻工作，并开通电商带货功能（包括支付保证金）才能进行带货，这无疑是比较麻烦的。

2.1.2 开启同步：将抖音内容共享至抖音盒子

　　运营者可以直接使用抖音号登录抖音盒子，然后通过如下步骤开启"抖音作品及电商直播间"功能，让抖音平台中发布的短视频和直播可以同步至抖音盒子平台。

Step 01 进入抖音盒子 App 的"我的"界面，点击"设置"按钮，进入"设置"界面，选择"账号与安全"选项，如图 2-5 所示。

Step 02 执行操作后，进入"账号与安全"界面，选择"信息管理"选项，如图 2-6 所示。

图 2-5

图 2-6

Step 03 执行操作后，进入"信息管理"界面，选择"抖音作品及电商直播间"选项，如图 2-7 所示。

Step 04 执行操作后，进入"抖音作品及电商直播间"界面，开启"抖音作品及电商直播间"功能，如图 2-8 所示，即可将抖音平台上发布的短视频或直播同步至抖音盒子平台。

图 2-7

图 2-8

2.1.3　开通橱窗：获得抖音平台的带货权限

　　由于抖音盒子的主要功能为利用短视频和直播带货，因此运营者在入驻抖音盒子前还必须开通抖音电商功能（即商品橱窗），其开通条件如图 2-9 所示。

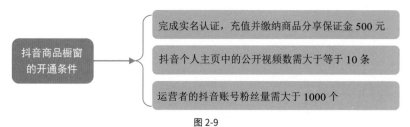

图 2-9

　　满足条件的运营者可以通过如下操作在抖音 App 中开通抖音电商功能。

Step 01 进入抖音 App 的"我"界面，点击界面上方的 ☰ 图标，如图 2-10 所示。

Step 02 执行操作后，会弹出一个对话框，选择对话框中的"创作者服务中心"选项，如图 2-11 所示。

图 2-10

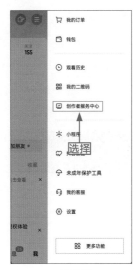

图 2-11

Step 03 执行操作后，进入创作者服务中心界面，点击界面中的"商品橱窗"按钮，如图 2-12 所示。

Step 04 执行操作后，进入"商品橱窗"界面，选择界面中的"成为带货达人"选项，如图 2-13 所示。

图 2-12

图 2-13

Step 05 执行操作后，进入"成为带货达人"界面，点击界面中的"带货权限申请"按钮，如图 2-14 所示。

Step 06 执行操作后，进入"带货权限申请"界面，该界面会显示申请带货权限的要求，如图 2-15 所示。如果运营者的账号满足了所有的申请要求，可以点击界面下方的"立即申请"按钮，申请开通带货权限。

图 2-14

图 2-15

开通带货权限之后，对应抖音号将获得商品橱窗和购物车功能。运营者可以使用该抖音号登录抖音盒子平台，并通过发布短视频和直播进行带货，从而获得佣金收益。

特别提醒　获得带货权限之后，为了带货收益的顺利转入，运营者需要开通收款账户。在开通收款账户时，运营者可以选择开通正式账户或快速账户这两种类型的账户，选择账户类型后首先要完成相关资质（个人 / 个体工商户 / 企业 / 小店商家）的开通，认证通过后才能继续开通收款账户。不同收款账户的差异如图 2-16 所示。

另外，在"商品橱窗"界面的"权限申请"选项区中，点击"权限说明"按钮，可以进入"权限详情"界面，在此可以查看商品分享权限和开通小店的相关作用，如图 2-17 所示。

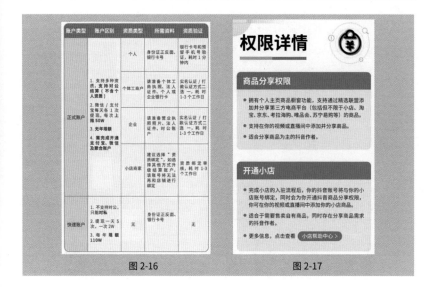

图 2-16　　　　　　　　　　　　　　　图 2-17

2.2　界面介绍：了解抖音盒子的布局

抖音盒子 App 的产品功能设计与抖音比较类似，打开该 App 即可直接进入"首页"中的"推荐"界面，其中显示了视频和直播信息流，同时在下方设置了"首页""订阅""消息""购物车"和"我的"共 5 个一级入口。

"首页"是抖音盒子 App 中产品优先级最靠前的界面，其中包括"逛街""推荐""搜索潮流好物""拍摄视频分享""消息"这 5 大功能。下面，笔者就来介绍抖音盒子的基本界面，帮助读者快速认识抖音盒子。

2.2.1　首页界面：展示抖音 5 大功能

1. 推荐界面：展示内容信息流

打开抖音盒子 App 后，出现的第一个界面便是"推荐"，该界面采用短视频和直播信息流的逛街模式，为用户打造更加沉浸式的购物场景，如图 2-18 所示。

图 2-18

虽然抖音盒子 App 的短视频中并没有像抖音 App 一样置入"小黄车"功能，但是加入了"搜索视频同款宝贝"功能，运营者可以借助该功能进行短视频带货，而用户则可以购买短视频中的同款商品。

具体来说，如果运营者的短视频中关联了商品，那么短视频中会出现"搜索视频同款宝贝"按钮，用户只需点击该按钮，便可在弹出的"视频中识别到的宝贝"对话框中查看商品的相关信息。有需要的用户还可以将该对话框中的商品添加至购物车中，甚至是直接购买商品。

当然，对于直播信息流来说，用户可以直接点击屏幕进入直播间界面。该界面会展示购物车图标，有需要的用户可以点击该图标选购商品。

2. 逛街界面：主推商品信息流

抖音盒子的"首页"界面中的另一个重要板块便是"逛街"界面，该界面中包括"硬核补贴""每日潮店""爆款排行""二手高奢"4个类目，如图 2-19 所示。点击相应的类目名称即可进入类目详情界面，查看更多的相关产品，如图 2-20 所示。

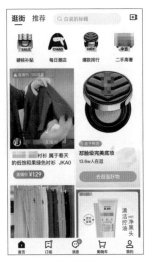

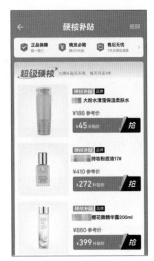

图 2-19   图 2-20

目前，入驻抖音盒子的商家大部分为品牌旗舰店铺，在"逛街"界面中点击相应的商品，即可进入商品详情页，如图 2-21 所示，用户可以在此将商品添加至购物车或直接下单购买。点击"立即购买"按钮，选择需要购买的商品样式后，进入"确认订单"界面，即可下单支付，如图 2-22 所示。

图 2-21   图 2-22

抖音推出抖音盒子这个独立电商 App，主要是为了照顾那些正常刷短视频的运营者的体验感受，避免看到抖音这个内容平台上大量的商业性质的内容。抖音盒子上聚集了大量的明星、博主和时尚达人，可为用户提供个性化的时尚穿搭方案，同时带给用户轻松愉悦的一站式购物体验。

2.2.2　订阅界面：关注账号的信息

抖音盒子的定位非常明确，就是一个针对年轻人的潮流平台，它不仅提供了商品，而且围绕商品生产了大量的视频"种草"内容，同时增强了社交属性、弱化了交易属性。

用户在抖音盒子上看到喜欢的抖音盒子账号之后，可以点击账号头像，进入其个人主页界面，点击界面上方的"＋订阅"按钮，如图 2-23 所示。执行操作后，会显示"已订阅"该账号，如图 2-24 所示。

 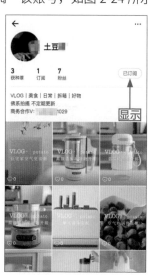

图 2-23　　　　　　　　　　　　图 2-24

订阅账号之后，用户只需点击"推荐"界面中的"订阅"按钮，如图 2-25 所示，即可进入"订阅"界面，查看已订阅账号发布的内容，如图 2-26 所示。

图 2-25

图 2-26

不过，"订阅"界面中的社交互动功能比较简单，目前只有点赞（点击"种草"按钮）、写评论和分享功能。如果该界面的短视频中有关联商品，用户需要点击短视频画面所在的位置，如图 2-27 所示。执行操作后，进入短视频播放界面，如图 2-28 所示。此时，只需点击短视频中的"搜索视频同款宝贝"按钮，即可查看并购买短视频的关联商品。

从抖音盒子的社交属性和交易属性上可以看到，抖音盒子不同于纯粹的娱乐型短视频 App 或者购物 App，它通过延长转化路径来获得首批忠实用户，这批忠实用户通常是拥有优质的原创内容和很高的创作积极性的时尚达人。

2.2.3 消息界面：展示各种互动信息

"消息"界面主要为用户展示来自粉丝、商家和官方账号的相关信息。用户可以选择对应的聊天选项，即可查看相关的信息。例如，选择"创作者小助手"选项，如图 2-29 所示，即可进入对应界面，查看"创作者小助手"发送过来的信息，如图 2-30 所示。

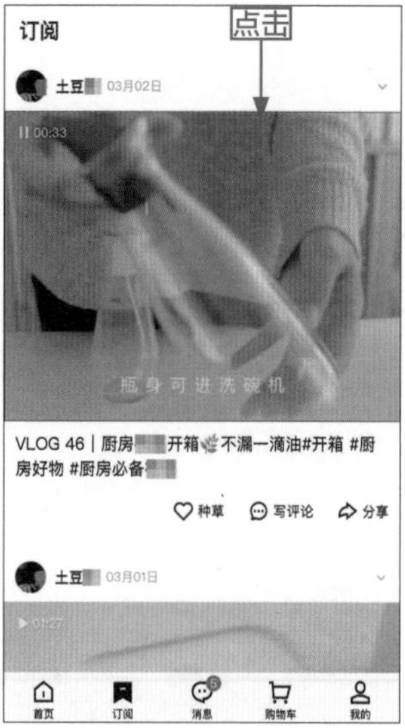

图 2-27

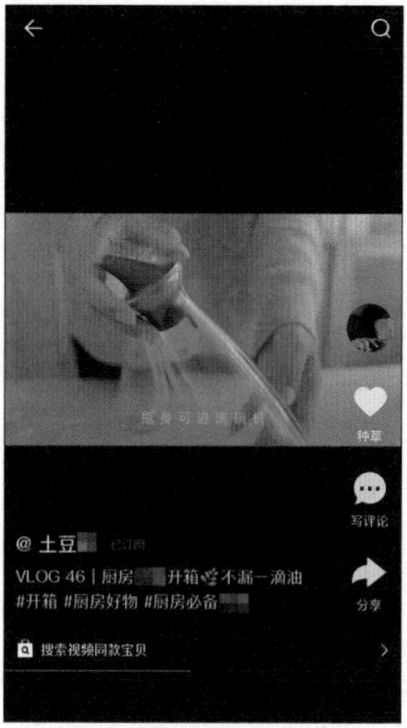

图 2-28

图 2-29

图 2-30

2.2.4　加购界面：展示和管理购物车

抖音盒子的交易功能全部都被挪到了直播间和货架电商界面，这样做的目的是让用户将心智集中在与商品有关的视频内容上。抖音盒子目前主要有以下 3 个下单转化渠道。

（1）"推荐"界面：在包含各种"种草"内容的短视频信息流中，穿插带货直播间，用户在刷视频时可以直接进入喜欢的直播间下单。

（2）"订阅"界面：关注相应博主，然后直接通过"订阅"界面进入店铺。

（3）"逛街"界面：在浏览商品的同时添加购物车或直接下单。

另外，在抖音盒子中还可以通过"购物车"界面下单，前提是用户先要加购某商品。用户在浏览商品时，看到感兴趣的商品后，可以点击商品详情界面中的"加入购物车"按钮，如图 2-31 所示。执行操作后，会弹出商品选购对话框，❶选择商品的购买信息；❷点击"确定"按钮，如图 2-32 所示，即可将对应商品加入购物车。

图 2-31

图 2-32

将商品加入购物车之后，用户只需点击"推荐"界面中的"购物车"按钮，如图 2-33 所示。执行操作后，进入"购物车"界面，即可看到界面中的第 1 个商品就是刚刚加入购物车的商品，如图 2-34 所示。

图 2-33

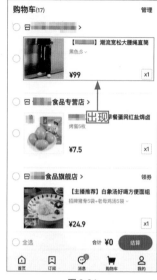

图 2-34

> **特别提醒**　　抖音盒子的购物车功能与其他电商 App 的购物车功能大同小异，不仅可以存储用户精挑细选的商品，而且可以非常方便地将多个商品组合起来做促销，甚至还能够帮助抖音盒子平台节省物流成本。

2.2.5　我的界面：展示账号运营功能

在抖音盒子 App 中，推荐入口的重要性大于搜索入口，而且所有短视频、图文和直播内容都是围绕"卖货"来展开的，同时在"我的"界面中集成了全部的电商基础功能。用户可以点击界面中的对应按钮，查看账号的相关信息。例如，点击"我的"界面中的"我的钱包"，如图 2-35 所示。执行操作后，即可进入"钱包"界面，查看账号资金方面的信息，如图 2-36 所示。

不过，抖音盒子与抖音这两个 App 的部分个人数据并没有完全打通，如粉丝、点赞和评论等是区隔开的，但购物数据、视频内容和直播间是相通的。

图 2-35

图 2-36

2.3　掌握功能：高效地运营抖音盒子

抖音盒子就像是一个以"带货"为主要内容的抖音，不仅具有看视频和看直播的功能，而且还会为运营者推荐合适的产品，同时用户还能够自主生产 UGC（user generated content，运营者原创内容）内容。

不过，从抖音盒子 App 目前的功能来看，它在准备冲击淘宝等传统电商平台之前，将目标首先瞄准了小红书等"种草"社区，通过视频化的"种草"内容提高商品和用户的活跃度，并通过多品类的运营进一步丰富了运营者画像。

本节将介绍抖音盒子 App 的基本功能和设置方法，包括电商功能和内容创作功能等，让我们来看看抖音盒子究竟要如何开启全新的电商购物之路呢？

2.3.1　订单功能：管理订货凭据

订单功能可以说是所有电商类 App 的标配，在抖音盒子 App 的"我的"界面中可以看到"我的订单"板块，点击"查看全部"按钮进入"全部订单"界面，在此可以查看待支付、待发货、待收货和待评价订单，如图 2-37 所示。

另外，点击"全部订单"右侧的 ▼ 图标，在弹出的菜单中还可以筛选查看商品购物、增值服务、生活服务、休闲娱乐等类型的订单，如图 2-38 所示。

图 2-37

图 2-38

订单功能可以帮助时尚达人、带货主播或商家等类型的运营者随时掌握消费者的动态，并在消费者下订单时提示运营者。

2.3.2 创作功能：提高运营效率

运营者可以进入"创作者中心"，并利用其中的相关信息和功能，更好地进行内容创作，提高账号的运营效率。

具体来说，运营者可以点击"我的"界面中的"创作者中心"，如图 2-39 所示。执行操作后，即可进入"创作者中心"界面，如图 2-40 所示。

进入"创作者中心"界面之后，运营者便可以看到"近 7 日数据""佣金收入"和"直播中心"这几个板块。滑动页面，还可以看到"课程中心"

和"规则中心"板块，运营者可以通过这两个板块查看账号运营的技巧和规则。

图 2-39

图 2-40

以查看抖音盒子平台的运营规则为例，运营者可以选择"创作者中心"界面中的"规则中心"选项，如图 2-41 所示。执行操作后，即可进入"规则中心"界面，查看平台已推出的相关规则，如图 2-42 所示。如果运营者要查看某个规则的具体内容，只需点击"规则中心"界面中对应规则的标题或封面即可。

图 2-41

图 2-42

2.3.3 客服功能：提供咨询渠道

抖音盒子的客服功能主要是提供官方咨询渠道，在"客服中心"界面，运营者不仅可以查询相关的内容或问题，还可以在线咨询或提供意见反馈，如图 2-43 所示。运营者只需在搜索框中输入一些关键词，如"直播"，如图 2-44 所示，即可在搜索结果中查看相关问题的解决方法。

图 2-43

图 2-44

运营者也可以点击"热门搜索"中的问题，如图 2-45 所示。执行操作后，即可在"问题详情"页面查看问题的解决方法，如图 2-46 所示。

除了通过搜索功能查看问题的答案之外，运营者还可以在"客服中心"界面中的"问题分类"板块查看对应问题的答案，具体操作步骤如下。

Step 01 进入抖音盒子 App 的"客服中心"界面，点击对应问题类型的按钮，如"短视频问题"按钮，如图 2-47 所示。

Step 02 执行操作后，进入"问题列表"界面的"短视频问题"选项卡，选择对应问题的选项，如"怎样取消喜欢的视频？"选项，如图 2-48 所示。

Step 03 执行操作后，即可进入"问题详情"界面，查看问题的答案，如图 2-49 所示。

图 2-45

图 2-46

图 2-47　　　　　　　图 2-48　　　　　　　图 2-49

　　运营者还可以通过"在线咨询"功能，直接就相关问题与客服人员进行沟通，具体操作步骤如下。

Step 01 进入抖音盒子 App 的"客服中心"界面，点击"在线咨询"按钮，如图 2-50 所示。

Step 02 执行操作后，会弹出"请选择您要咨询的问题类型"对话框，点击对应问题的按钮，如"视频带货"按钮，如图 2-51 所示。

图 2-50   图 2-51

Step 03 执行操作后，即可进入在线咨询界面，选择对应问题的选项，如"如何在抖音盒子带货"选项，如图 2-52 所示。

Step 04 执行操作后，即可向客服发送问题并查看系统自动回复的答案，如图 2-53 所示。当然，有需要的运营者也可以直接在在线咨询界面输入问题，了解问题的解决方法。

另外，点击"客服中心"界面的"意见反馈"按钮进入其界面，运营者可以对产品建议、功能故障或其他问题进行反馈，同时可以留下自己的手机号（非必填）便于与客服联系，如图 2-54 所示。

2.3.4 地址功能：设置收货地址

收货地址功能主要是针对在抖音盒子平台购物的消费者而言的，在"我的"界面点击"收货地址"按钮后即可进入"地址列表"界面，其中显示了目前设置的所有收货地址，如图 2-55 所示。

对于新用户来说，可以点击下方的"新建地址"按钮，进入"新建收货地址"界面添加新的地址，包括收货人、手机号码、地区、详细地址和地址标签等，如图 2-56 所示。填写正确的收货地址，有助于商家及时将消费者购买的商品送到目的地，提升购物体验。

图 2-52

图 2-53

图 2-54

图 2-55

图 2-56

特别提醒　用户编辑好收货地址后，可以开启"设置为默认地址"功能，将该地址设置为默认的收货地址。

2.3.5　设置功能：使用平台功能

抖音盒子的"设置"界面主要包括"账号""通用"和"关于"3个板块，如图 2-57 所示。在"账号"板块中，运营者可以选择"抖音号"选项快速复制抖音号，也可以选择"账号与安全"选项进入其界面，进行手机绑定、登录设备管理、账号注销或信息管理等设置，如图 2-58 所示。

图 2-57

图 2-58

在"通用"板块中，只有一个"功能设置"选项，进入其界面后，❶选择"管理个性化内容推荐"选项；❷开启"个性化内容推荐"功能，这样系统就会为用户推荐其可能感兴趣的视频、商品或相关信息，如图 2-59 所示。

在"关于"板块中，主要有意见反馈、用户协议、社区自律公约、隐私政策、第三方 SDK（software development kit，软件开发工具包）列表、应用权限、关于抖音盒子和平台资质等设置功能，运营者可以查看相关的平台规则或资料。

图 2-59

2.3.6　主页功能：编辑账号资料

运营者只需点击"创作者中心"界面中的"我的视频"按钮，如图 2-60 所示，即可进入账号主页界面，如果要查看某个短视频的内容，可以点击对应短视频的封面，如图 2-61 所示。执行操作后，即可进入短视频播放界面，查看短视频的具体内容，如图 2-62 所示。

图 2-60　　　　　　　　图 2-61　　　　　　　　图 2-62

除了查看已发布的短视频之外，运营者还可以在账号主页中编辑账号的相关资料，具体操作步骤如下。

Step 01 点击账号主页中的"编辑资料"按钮，如图 2-63 所示。

Step 02 执行操作后，进入"个人资料"界面，选择要编辑的资料对应的选项，如"简介"选项，如图 2-64 所示。

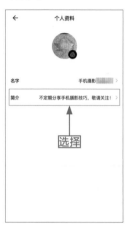

图 2-63　　　　　　　　　　图 2-64

Step 03 执行操作后，进入"修改简介"界面，❶输入简介内容；❷点击"保存"按钮，如图 2-65 所示。

Step 04 执行操作后，返回账号主页界面，即可看到简介处显示的是刚刚输入的内容，如图 2-66 所示。

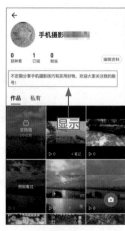

图 2-65　　　　　　　　　　图 2-66

第3章
开通抖店：
快速获得你的专
属抖音小店

开通抖店之后，商家可以将
抖音小店中的商品同步到抖音盒
子，从而提升商品的曝光率和销
量。本章，笔者就为大家讲解开
通抖店的相关知识。

3.1 PC端入驻：通过电脑端获取抖音小店

抖音小店（简称"抖店"）是商家提供和展示商品的一种店铺形式，也是抖音官方大力支持的一种电商运营便捷化工具。商家可以开设专属的抖音小店，并将抖音小店中的商品上传至抖音平台，从而提高商品的销量，获得更多的收益。

那么，要如何获得自己的抖音小店呢？商家可以直接通过电脑端入驻抖音小店平台，开一家属于自己的店铺。本节，笔者就具体为大家介绍抖音小店电脑端入驻的相关知识。

3.1.1 入驻须知：了解要准备的资料

在正式开启入驻之前，商家需要先查看入驻资料，并根据自身要入驻的账号类型准备好资料，这样可以有效地节约入驻过程所需的时间。下面，笔者就来介绍抖音小店入驻资料的查看方法。

Step 01 进入抖店官网的"首页"页面，❶单击页面中的"入驻材料与费用"按钮，即可看到"入驻材料与费用"板块；❷在该板块中选择开店主体和店铺类型；❸单击下方的"查询"按钮，如图3-1所示。

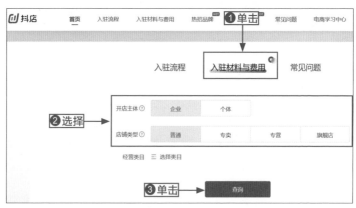

图 3-1

Step 02 执行操作后，即可在弹出的"入驻所需材料、费用"页面中查看具体账号类型所需的入驻材料，如图3-2所示。

图 3-2

另外，依次单击图 3-2 中的 3 个"展示更多"按钮，还可以查看基础资质的完整内容，如图 3-3 所示。

资质列表	详细描述
营业执照 查看示例	1. 需提供三证合一的营业执照原件扫描件或加盖公司公章的营业执照复印件 2. 确保未在企业经营异常名录中且所售商品在营业执照经营范围内 3. 距离有效期截止时间应大于3个月 4. 须露出证件四角，请勿遮挡或模糊，保持信息清晰可见 5. 新办理的营业执照，因国家市场监督管理总局信息更新有延迟，建议办理成功后至少等待14个工作日后再入驻 6. 若营业执照的公司名称为鸟号或空白，不支持入驻，须先前往工商增加公司名称 7. 图片尺寸为800*800px以上，支持PNG、JPG和JPEG格式，大小不超过5MB
账户验证	1. 账户信息提交 　1）须提供银行账户的名称、开户行和账号 　2）企业须提供开户主体与营业执照主体一致的对公账户 2. 账户信息验证 　1）支持实名认证和打款验证两种：法人为大陆身份证的企业可自由选择；非大陆身份证仅支持打款验证 　2）实名验证：填写法人个人名下银行卡号，输入银行预留手机号，填写验证码即可验证 　3）打款验证：填写企业对公银行卡号、开户银行、支行支付的所在地及名称，输入平台给该账户的打款金额即可验证
身份验证	1. 根据身份归属地，提供相应的经营者身份证件 　1）中国大陆：须提供二代身份证的正反面照片 　2）中国香港/澳门/台湾：须提供港澳居民来往内地通行证或台湾居民来往大陆通行证的正反面照片 　3）海外：须提供护照首页照片 2. 提供有效期限范围内的证件，且证件须露出四角，请勿遮挡或模糊，保持信息清晰可见 3. 图片尺寸为800*800px以上，支持PNG、JPG和JPEG格式，大小不超过5MB

图 3-3

3.1.2　查看流程：了解小店入驻的步骤

了解了入驻需要准备的资料之后，商家可以查看一下抖音小店入驻的流程。具体来说，商家只需单击抖店"首页"页面中的"入驻流程"按钮，即可查看抖音小店入驻的主要流程，如图 3-4 所示。

图 3-4

3.1.3　具体操作：根据提示完成入驻

在上一小节中，笔者简单地介绍了抖音小店入驻的流程。需要说明的是，其实际操作起来要比这个入驻流程麻烦一些。具体来说，商家可以根据相关提示，进行如下操作，完成抖音小店的入驻。

1. 登录抖店平台

了解并准备好账号入驻所需的材料之后，商家便可以通过如下操作，使用抖音号入驻抖音小店了。

Step 01 进入抖店官网的"首页"页面，单击"其他入驻方式"中的"抖音入驻"按钮，如图 3-5 所示。

图 3-5

Step 02 执行操作后，进入"抖音"页面，该页面中会出现一个二维码，如图 3-6 所示，商家需要进入抖音 App 的"推荐"界面中扫描该二维码。

图 3-6

Step 03 进入抖音 App 的"推荐"界面，点击左上角的 图标，如图 3-7 所示。

Step 04 执行操作后，进入"扫码"界面，将镜头对准页面中的二维码进行扫码，如图 3-8 所示。

Step 05 执行操作后，进入"抖音授权"界面，点击界面下方的"同意协议并授权"按钮，如图 3-9 所示，即可用抖音号登录抖店平台。

图 3-7 图 3-8 图 3-9

2．选择主体类型

登录抖店平台之后，会自动跳转至"请选择主体类型"页面，如图 3-10 所示，商家需要在该页面中根据自身需要选择合适的主体类型（即单击对应主体类型下方的"立即入驻"按钮）。

图 3-10

3．填写主体信息

单击对应主体类型下方的"立即入驻"按钮之后，会自动跳转至"01.填写主体信息"页面。商家需要根据要求上传营业证件和相关人员的身份证件图片。

当然，选择的账号主体不同，在"01.填写主体信息"页面中要填写的信息也不同。例如，主体为企业 / 公司的需要填写的主体信息包括营业证件信息和法定代表人信息。图 3-11 所示为企业 / 公司类主体需要填写的部分主体信息。

4．填写店铺信息

单击图 3-11 中的"下一步"按钮，进入"02.填写店铺信息"页面。商家需要在该页面中填写店铺基本信息、经营类目和店铺管理人信息的相关内容，如图 3-12 所示。

图 3-11

图 3-12

5．通过资质审核

商家根据要求填写店铺信息，并单击图3-12中的"提交审核"按钮，随即自动进入"03.资质审核"页面，该页面中会显示"最新资质提交资质审核中"，如图 3-13 所示。

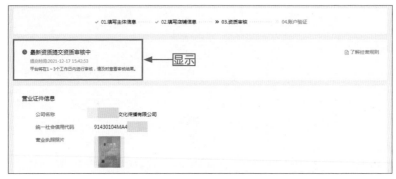

图 3-13

系统完成审核之后，如果填写的信息有问题，那么页面中会显示"审核未通过"等字样，如图 3-14 所示。此时，商家可以单击页面中的"编辑"按钮，根据审核未通过的原因，对相关信息进行调整，并再次申请审核，直至审核通过。

图 3-14

6．通过账户验证

审核通过之后，会自动跳转至"04.账户验证"页面，如图 3-15 所示。商家需要根据页面提示填写相关信息，进行账户验证。账户验证成功之后，会自动跳转至抖店后台的"首页"页面。

图 3-15

7．缴纳保证金

首次进入抖店后台时，"首页"页面中会出现缴纳保证金的提示。商家可以通过如下步骤缴纳保证金，完成抖音小店的入驻。

Step 01 进入抖店后台的"首页"页面，单击页面中的"缴纳保证金"按钮，如图 3-16 所示。

图 3-16

Step 02 执行操作后，进入"保证金"页面，单击页面中的"充值"按钮，如图 3-17 所示。

图 3-17

Step 03 执行操作后，会弹出"充值保证金"对话框，❶在该对话框中输入充值金额；❷单击"充值"按钮，如图 3-18 所示。

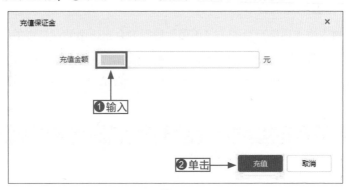

图 3-18

Step 04 执行操作后，进入"请选择支付方式"页面。商家只需根据提示进行操作，便可以完成保证金的缴纳。保证金缴纳完成后，即可完成抖音小店的整个入驻流程。

3.2 其他入驻：掌握具体的操作方法

除了用电脑端入驻抖音小店之外，商家还可以通过一些其他的方式进行入驻。这一节，笔者就为大家讲解抖音小店的其他入驻方式，帮助零基础的商家更好地完成入驻的相关工作。

3.2.1　手机入驻：利用移动端获得抖音小店

相比于电脑端，部分商家可能更习惯于使用移动端进行操作。下面，笔者就来为大家介绍通过移动端入驻抖音小店的方法。

Step 01 进入抖音 App 的"我"界面，点击界面中的"商品橱窗"按钮，如图 3-19 所示。

Step 02 执行操作后，进入"商品橱窗"界面，点击界面中的"我的小店"按钮，如图 3-20 所示。

图 3-19　　　　　　　　　　　图 3-20

Step 03 执行操作后，进入"首页"界面，❶选中"我已经阅读并同意上述授权及《账号绑定服务协议》"复选框；❷点击"立即入驻"按钮，如图 3-21 所示。

Step 04 执行操作后，进入"选择认证类型"界面，商家需要根据自身情况在该界面中选择合适的认证类型。以认证个体工商户为例，商家可以点击"个体工商户"右侧的"立即认证"按钮，如图 3-22 所示。

Step 05 执行操作后，进入"主体信息"界面的"主体信息"板块，如图 3-23 所示。商家需要依次填写主体信息和店铺信息，并进行平台审核以及账户验证。具体来说，商家完成一项操作后，即可进入下一步的操作。例如，商家完成主体信息的填写之后，只需点击界面下方的"下一步"按钮，即可进入"店铺信息"板块，然后根据提示填写店铺的相关信息。

图 3-21　　　　　　　图 3-22　　　　　　　图 3-23

Step 06 完成主体信息和店铺信息的填写，并通过平台审核以及账户验证后，即可完成抖音小店的入驻。

3.2.2 其他主体：全球购商家入驻的操作流程

从图 3-10 可以看出，抖音小店的主体可分为国内电商主体和跨境电商主体。那么商家要如何选择跨境电商主体，并完成全球购商家的入驻呢？下面，笔者就为大家介绍具体的操作步骤。

Step 01 进入抖音电商全球购招商平台的"首页"页面，单击页面中的"立即入驻"按钮，如图 3-24 所示。

Step 02 执行操作后，进入"抖店"页面，单击 图标，如图 3-25 所示。

Step 03 执行操作后，会出现如图 3-5 所示的登录方式选择页面。按照抖音小店电脑端的入驻方法，登录抖音小店平台，并单击图 3-10 中"跨境"下方的"立即入驻"按钮。

Step 04 执行操作后，进入"01.填写主体信息"页面，如图 3-26 所示。

商家需要根据页面提示填写主体信息，并单击页面下方的"下一步"按钮。

图 3-24

图 3-25

图 3-26

Step 05 执行操作后，依次完成填写店铺信息、资质审核和账户验证，即可进入抖店后台。单击抖店后台"首页"页面中的"缴纳保证金"按钮，如图 3-27 所示。

图 3-27

Step 06 执行操作后，进入"保证金"页面，单击页面中的"充值"按钮，如图 3-28 所示。

图 3-28

Step 07 执行操作后，会弹出"获取收款方信息"对话框，如图 3-29 所示。商家需要记下对话框中的收款方账户。

图 3-29

Step 08 通过网银或柜台向收款方账户打款。打款完成后，商家可以等待打款到账，完成保证金的缴纳。

3.3　问题解决：抖音小店入驻的常见问题

在入驻和运营抖店的过程中，商家可能会遇到一些问题。这一节，笔者就为大家介绍常见问题的查看方法和常用的应对方法。

3.3.1　常见问题：查看抖店官方的问答

抖店平台为用户提供了常见问题的查看入口，如果大家在入驻的过程中遇到了问题，可以通过如下步骤寻找问题的答案。

Step 01 进入抖店官网的"首页"页面，单击页面右侧的"常见问题"按钮，如图 3-30 所示。

图 3-30

Step 02 执行操作后，进入"抖店介绍"页面，商家可以单击左侧导航栏中的按钮，查看对应的问题和答案。例如，商家可以单击导航栏中的"入驻资费"按钮，如图 3-31 所示。

Step 03 执行操作后，即可进入"入驻资费"页面，查看相关的问题和答案，如图 3-32 所示。

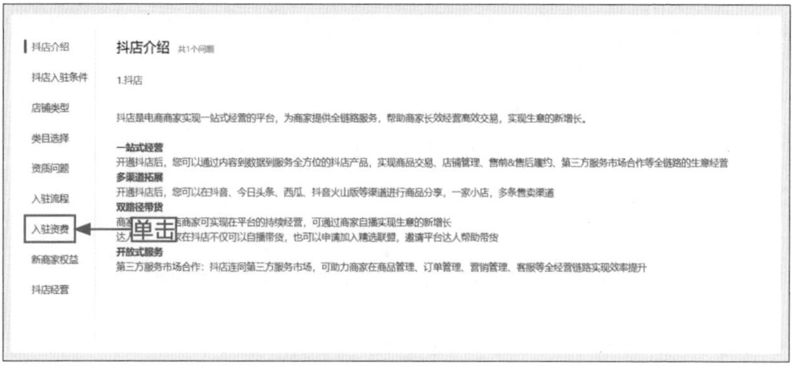

图 3-31

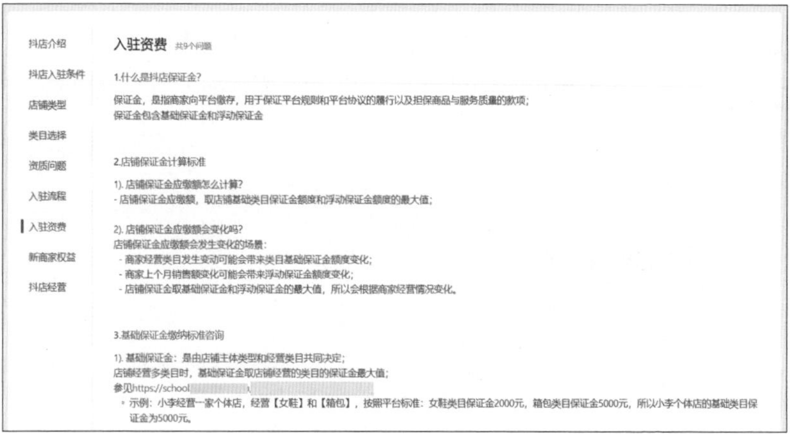

图 3-32

3.3.2 问题解决：了解常用的应对方法

在运营抖音小店时，商家可能会遇到一些自己无法解决的问题，此时便可以通过联系商服进行咨询，获得问题的答案，具体操作步骤如下。

Step 01 进入抖店官网的"首页"页面，单击页面右侧的"联系商服"按钮，如图 3-33 所示。

图 3-33

Step 02 执行操作后，页面会弹出"在线客服"对话框，商家可以选择对话框中要咨询的问题，如图 3-34 所示。

Step 03 执行操作后，商家会向在线客服发送对应的问题，而在线客服则会给出问题的答案，如图 3-35 所示。

图 3-34

图 3-35

第4章

商品管理：提升商品创建效率，实现高效带货

对于商家来说，管理商品是一项必须重点做好的工作，如果能够找到正确的管理方法，就能大大提高工作效率。本章，笔者就为大家讲解商品管理的相关方法，帮助大家有效地提升商品创建的效率，实现高效带货。

4.1 创建操作：将商品上传至抖音小店

商家可以通过创建操作，将商品上传至抖音小店，以便于提升商品的曝光率，提高购买量。创建商品不只是将商品上传至抖音小店，还需要对商品信息进行设置，对商品进行相关管理。这一节，笔者将重点讲解商品创建的相关知识，帮助大家有效地提高商品创建的效率。

4.1.1 单个商品：一个一个进行创建

很多商家都习惯一个一个地创建商品，并对商品的信息进行详细的设置。那么，商家要如何在抖店后台创建单个的商品呢？下面，笔者就为大家介绍具体的操作步骤。

Step 01 进入抖店后台的"首页"页面，单击左侧导航栏"商品"板块中的"商品创建"按钮，如图 4-1 所示。

图 4-1

Step 02 执行操作后，进入"选择商品类目"页面，如图 4-2 所示。商家需要根据商品的类别选择类目，并单击"下一步"按钮。

Step 03 执行操作后，进入商品创建的"基础信息"页面，如图 4-3 所示。商家需要在该页面填写商品的相关信息，并单击"发布商品"按钮，提交填写的信息。

图 4-2

图 4-3

Step 04 执行操作后，商家只需根据系统提示设置图文、价格、库存、服务与履约的相关信息，便可以完成商品的创建。

4.1.2　组合商品：多个商品一起创建

除了可以创建单个商品之外，商家还可以创建组合商品（将已经通过审核的多种商品组合在一起进行销售，可以看成捆绑销售）。那么，商家要如何创建组合商品呢？下面，笔者就来介绍具体的操作步骤。

Step 01　进入抖店后台，单击左侧导航栏"商品"板块中的"商品管理"按钮，如图 4-4 所示。

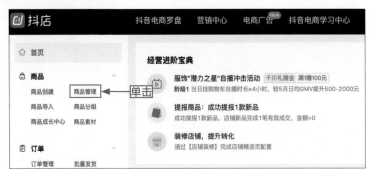

图 4-4

Step 02　执行操作后，进入"商品管理"页面，❶切换至"售卖中"选项卡；❷单击"新建商品"按钮，会弹出一个列表框；❸选择列表框中的"组合商品"选项，如图 4-5 所示。

图 4-5

Step 03　执行操作后，进入商品信息的编写页面，如图 4-6 所示。商家只需根据提示在该页面中依次填写商品的基础信息、规格、类目价格、图文信息、支付设置、服务与资质，并单击页面下方的"发布商品"按钮，即可完成组合商品的创建。

图 4-6

4.1.3 运费设置：创建一个通用模板

有的用户在购物时比较注重运费的价格，如果运费太高，他们就会放弃购买。对此，商家可以通过对"运费模板"的设置，控制商品的运费，让用户更愿意购买你的商品。下面，笔者就为大家介绍运费模板的设置方法。

Step 01 进入抖店后台，❶单击左侧导航栏"物流"板块中的"运费模板"按钮，进入"运费模板"页面；❷单击页面中的"新建模板"按钮，如图 4-7 所示。

图 4-7

Step 02 执行操作后，进入运费模板信息编写页面，如图 4-8 所示。商家只需根据提示填写信息，并单击页面下方的"保存"按钮，即可完成运费模板的设置。

图 4-8

4.1.4　商品素材：一键制作粉丝商品卡

粉丝商品卡是直接发送给已关注粉丝的一种商品信息形态，商家可以制作粉丝商品卡，提高商品的触达率和粉丝的购买率。下面，笔者就为大家介绍制作粉丝商品卡的方法。

Step 01 进入抖店后台的"首页"页面，单击导航栏中的"商品素材"按钮，如图 4-9 所示。

图 4-9

Step 02 执行操作后，进入商品素材页面，❶单击切换至"粉丝商品卡"选项卡；❷单击页面中的"一键制作"按钮，如图 4-10 所示。

图 4-10

Step 03 执行操作后，进入"商品素材"页面，单击页面下方的"一键制作"按钮，如图 4-11 所示。

图 4-11

Step 04 执行操作后，进入"选择商品"页面，在该页面中选择商品，并单击页面下方的"生成"按钮，会自动生成短视频。商家只需编辑并发布短视频，在发布的短视频中便会出现粉丝商品卡。

4.1.5　商品分组：更好地进行分类管理

有的抖音小店中有多种商品，为了便于管理，商家可以对商品进行分组。具体来说，商家可以通过如下步骤新建商品分组。

Step 01 进入抖店后台，单击导航栏"商品"板块中的"商品分组"按钮，进入对应页面，单击"新建商品分组"按钮，如图 4-12 所示。

图 4-12

Step 02 执行操作后，会弹出"新建商品分组"对话框，如图 4-13 所示。商家只需在该对话框中输入分组名称，并单击"确定"按钮，即可完成商品分组的新建。

图 4-13

商品分组新建成功之后，商家只需根据分类标准，将商品分别添加至不同的类别中即可。当然，当商品不再适合存在于某个分组时，商家也可以通过简单的操作，将其移除分组，具体操作步骤如下。

Step 01 进入"商品分组"页面，单击对应商品分组右侧的"编辑"按钮，如图 4-14 所示。

图 4-14

Step 02 执行操作后，进入"编辑分组"页面，单击对应商品右侧的"移除"按钮，如图 4-15 所示。

图 4-15

Step 03 执行操作后，会弹出"确认删除该商品分组吗？"对话框，单击"确定"按钮，如图 4-16 所示，即可删除对应商品的分组。需要说明的是，上述操作只会影响商品的分组，不会影响商品的状态。

图 4-16

另外，商家还可以直接对分组商品进行批量设置，提高抖音小店的运营效率，具体操作步骤如下。

Step 01 进入"商品管理"页面，❶切换至"售卖中"选项卡；❷选择对应的商品分组；❸单击"批量设置"按钮，如图 4-17 所示。

图 4-17

Step 02 执行操作后，进入"批量设置"页面，选择对应的设置选项，如图 4-18 所示，根据页面提示进行操作，即可完成分组商品的批量设置。

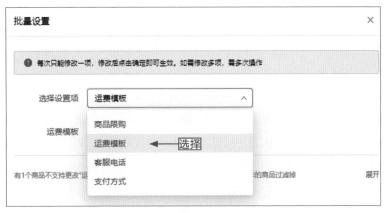

图 4-18

4.1.6 商品备用：先将商品放入仓库中

有时候商家可能需要过一段时间再销售商品，但又怕临时进行创建操作来不及，此时便可以先将商品放入仓库中备用。具体来说，商家在创建商品时，如果选中"基础信息"页面中的"放入仓库"前方的单选按钮，如图 4-19 所示，那么商品创建完成后，将被自动放入仓库中。

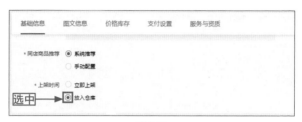

图 4-19

当然，放入仓库中的商品也可以通过如下操作进行上架。

Step 01 单击"商品管理"页面"仓库中"选项卡中对应商品右侧的"上架"按钮，会弹出"确定上架该商品吗？"对话框，单击"提交审核"按钮，如图 4-20 所示。

图 4-20

Step 02 执行操作后，系统会自动对商品进行审核。进入"商品选项卡"页面，切换至"审核记录"选项卡的"审核通过"板块，如果该板块中显示了商品的相关信息，就说明该商品审核通过了，如图 4-21 所示，此时商品将会在抖音小店中上架。

图 4-21

4.1.7　信息优化：提高商品的转化率

完成商品的初步创建之后，商家可以对部分存在问题的商品进行优化，提高商品的转化率。具体来说，商家可以通过如下步骤进行商品信息的优化。

Step 01　单击导航栏"商品"板块中的"商品成长中心"按钮，进入对应页面，单击该页面"可优化商品"板块中对应商品右侧的"详情"按钮，如图 4-22 所示。

图 4-22

Step 02　执行操作后，进入"分析详情"页面，单击"立即优化"按钮，如图 4-23 所示。

图 4-23

Step 03 执行操作后，进入"基础信息"页面，该页面的右侧会显示商品基础分（评估商品信息优质程度的分数）的提升建议，如图 4-24 所示，商家只需根据该建议对商品信息进行优化即可。

图 4-24

4.2 添加商品：为抖音盒子带货进行服务

商品创建成功之后，运营者可以将抖音小店中的商品添加到自己的橱窗或内容中，以更好地为用户提供抖音盒子带货服务。这一节，笔者就重点为大家介绍添加抖店商品并进行抖音盒子带货的相关技巧。

4.2.1 橱窗添加：将商品上传备用

对于运营者来说，在商品橱窗中添加商品非常关键，因为如果没有在规定时间内完成添加商品的任务，相关的权限就会被收回。而且如果运营者要通过短视频或直播带货，也要先在商品橱窗中添加商品。

运营者可以在"抖音电商精选联盟"界面中添加商品，添加商品之后，如果收到一条完成新手任务的消息，就说明添加商品到商品橱窗的任务完成了。具体来说，运营者还可以通过如下步骤直接将商品添加至橱窗中。

Step 01　点击抖音 App 个人主页界面中的"商品橱窗"按钮，进入"商品橱窗"界面，点击界面中的"选品广场"按钮，如图 4-25 所示。

Step 02　执行操作后，进入"抖音电商精选联盟"界面，点击界面中的搜索框，如图 4-26 所示。

图 4-25

图 4-26

Step 03　执行操作后，❶在搜索框中输入商品名称，如"三脚架"；❷然后点击"搜索"按钮，如图 4-27 所示。

Step 04　执行操作后，点击搜索结果中对应商品后方的"加橱窗"按钮，如图 4-28 所示。

Step 05　执行操作后，如果界面中显示"已加入橱窗，您可在发布视频时添加橱窗的商品进行推广"，就说明该商品已成功添加到橱窗中，如图 4-29 所示。

　　将商品添加至抖音橱窗之后，运营者可以使用抖音号登录抖音盒子，将橱窗中的商品添加至直播中进行销售。具体来说，运营者完成上述操作之后，进入抖音盒子 App 的"开直播"界面，点击"开播前请完成商品添加"按钮，如图 4-30 所示。执行操作后会发现"添加商品"界面中显示的第 1 个商品就是刚刚添加至橱窗的商品，如图 4-31 所示。运营者点击该商品右侧的"添加"按钮，即可将其添加至直播购物车中。

图 4-27

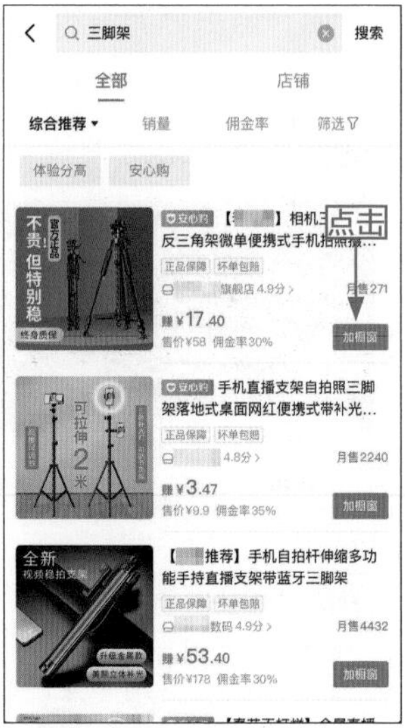

图 4-29

图 4-28

图 4-30

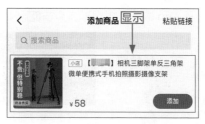

图 4-31

4.2.2　视频添加：销售关联的宝贝

运营者可以在发布短视频时添加关联商品，这样便可以通过短视频对相关商品进行推广，增加相关商品的曝光量，具体操作步骤如下。

Step 01　进入抖音 App 的"抖音电商精选联盟"界面，点击要推广的商品（或通过该界面搜索要推广的商品），进入商品详情界面，点击 $\hookrightarrow$ 图标，如图 4-32 所示。

Step 02　执行操作后，点击弹出的"私信给朋友"对话框中的"复制链接"按钮，如图 4-33 所示，复制链接以备用。

图 4-32

图 4-33

Step 03　执行操作后，会显示"内容已复制"，如图 4-34 所示。此时，运营者只需要将复制的链接添加至抖音盒子短视频中即可对商品进行推广。

Step 04 进入抖音盒子App的"我的"界面，点击■图标，如图4-35所示。

图 4-34

图 4-35

Step 05 执行操作后，进入"分段拍"界面。运营者可以选择通过拍摄视频或上传相册中的视频来发布短视频。以上传相册中的视频为例，运营者可以点击界面下方的"相册"按钮，如图4-36所示。

Step 06 执行操作后，❶在弹出的"所有照片"对话框中选择要上传的视频；❷然后点击"下一步"按钮，如图4-37所示。

图 4-36

图 4-37

Step 07　执行操作后，进入短视频预览界面，点击界面中的"下一步"按钮，如图 4-38 所示。

Step 08　执行操作后，进入"发布"界面，❶在界面中输入短视频标题；❷选择"商品"选项，如图 4-39 所示。

图 4-38　　　　　　　　　　　图 4-39

Step 09　执行操作后，进入"关联宝贝"界面，❶在界面搜索框中粘贴复制的商品链接；❷点击"查找"按钮，如图 4-40 所示。

Step 10　执行操作后，会出现商品的相关信息，点击商品信息中的"关联"按钮，如图 4-41 所示。

图 4-40　　　　　　　　　　　图 4-41

Step11 执行操作后，发布界面中会显示关联商品的封面，点击界面下方的"发布"按钮，如图 4-42 所示。

Step 12 执行操作后，即可发布带有"搜索视频同款宝贝"按钮的商品推广短视频，如图 4-43 所示。

图 4-42   图 4-43

特别
提醒

在通过短视频带货时，关联的商品必须与短视频内容具有相关性，这既是平台的要求，也是保障带货效果必须要做好的一件事。

4.2.3　直播添加：通过购物车销售商品

除了通过发布短视频推广商品之外，运营者还可以通过开直播推广商品。具体来说，运营者可以通过如下操作将商品添加至直播购物车中，利用直播来推广商品。

Step 01 进入抖音盒子 App 的"分段拍"界面，点击界面中的"开直播"按钮，如图 4-44 所示。

Step 02 执行操作后，会弹出"提示"对话框，点击对话框中的"立即授权"按钮，如图 4-45 所示，将直播间同步至抖音盒子。

图 4-44　　　　　　　　　　　　　　　　图 4-45

Step 03　执行操作后，点击弹出的"授权同步你的抖音作品及电商直播间"对话框中的"同意授权"按钮，如图 4-46 所示。

Step 04　执行操作后，进入"开直播"界面，点击界面中的"开播前请完成商品添加"按钮，如图 4-47 所示。

图 4-46　　　　　　　　　　　　　　　　图 4-47

Step 05 执行操作后，进入"添加商品"界面，点击界面中对应商品后方的"添加"按钮，如图 4-48 所示。

Step 06 执行操作后，如果显示"商品已添加到购物袋"，如图 4-49 所示，就说明商品添加成功了。

图 4-48　　　　　　　　　　图 4-49

Step 07 执行操作后，返回"开直播"界面，界面中会显示已添加商品的数量。商品添加完成后，点击界面下方的"开始视频直播"按钮，如图 4-50 所示。

Step 08 执行操作后，进入直播倒计时界面，如图 4-51 所示。

Step 09 倒计时结束后，即可进入直播界面，开启抖音盒子直播。此时，直播界面的下方会出现🛒图标，用户只需点击该图标，即可在弹出的"直播商品"对话框中查看该直播推广和销售的商品，如图 4-52 所示。

图 4-50

图 4-51

图 4-52

4.3　服务保障：增强用户的消费意愿

商品创建成功之后，商家可以在抖店后台开通相关的服务保障，让用户更愿意购买你的抖音小店中的商品。这一节，笔者就为大家讲解抖音小店相关服务保障的开通技巧。

4.3.1 退货保障：开通运费险服务功能

有的用户对商品的要求比较高，如果商品达不到要求，这些用户可能就会给差评。对此，商家可以通过如下操作开通运费险服务功能，主动为退货和换货的用户承担来回的运费，从而让用户更放心地进行购物。

Step 01 进入抖店后台，单击导航栏"店铺"板块中的"商家保障中心"按钮，如图 4-53 所示。

图 4-53

Step 02 执行操作后，进入"商家保障中心"页面，单击"为您推荐保障"板块中"退货运费险"右侧的"立即加入"按钮，如图 4-54 所示。

图 4-54

Step 03 执行操作后，会弹出"签约成功，还差一步开启保障！点击立即充值，享受保障吧！"对话框，单击"立刻充值"按钮，如图 4-55 所示。

图 4-55

Step 04 执行操作后，进入"店铺信息"页面的"充值"选项卡，❶在"充值金额"板块中输入充值的数额（首次充值的金额须不少于 500 元）；❷单击"立即支付"按钮，如图 4-56 所示。

图 4-56

Step 05 执行操作后，进入"请选择支付方式"页面，商家可以选择通过企业网银、支付宝、微信或个人网银进行支付，如图 4-57 所示。

图 4-57

<u>Step 06</u> 支付方式选择完成后，根据页面提示，使用对应的支付方式支付相应的金额，即可开通运费险服务功能。

4.3.2 极速退款：提高售后的处理效率

极速退款就是第一时间将用户的货款进行退还。商家开通极速退款功能可以让系统自动将符合条件的货款退还给对应的用户，从而极大地提高售后问题的处理效率，让用户更放心地进行购物。

在抖店平台中，极速退款分为两类，即未发货极速退款和发货后极速退款。从字面上可以看得出，这两种极速退款的区别就在于商家是否已经发货了。具体来说，商家只需进入抖店后台，单击导航栏"店铺"板块中的"权益中心"按钮，即可在对应页面的"基础权益服务"板块中查看极速退款的相关信息。商家只需根据提示进行操作，即可开通极速退款功能。图 4-58 所示为开通极速退款功能后的显示效果。

图 4-58

4.3.3 安心购物：为用户提供服务承诺

"安心购"是指商家提供"坏单包赔""过敏包退""正品保障""七天无理由退货"和"上门取件"等服务，让用户可以安心购物。商家可以在抖店后台开通"安心购"功能，为用户提供服务承诺，让用户更安心地购买你的商品。

具体来说，商家可以进入抖店后台，❶单击导航栏"店铺"板块中的"权益中心"按钮，进入对应页面；❷单击页面中的"立即点亮"

按钮，如图 4-59 所示，根据页面提示进行操作，即可开通"安心购"
功能。

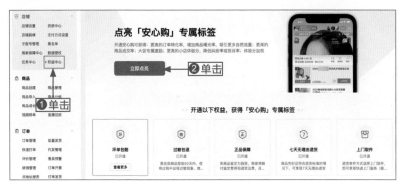

图 4-59

02　装修篇

第章

店铺装修：提高抖音小店的商品转化率

　　店铺装修对于用户的消费意愿会产生一定的影响，如果用户一进店铺就看见了有吸引力的营销内容，那么他们会更想下单购买店铺中的商品。本章，笔者就为大家介绍店铺装修的技巧，帮助大家快速提高抖音小店的商品转化率。

5.1　基础入门：了解店铺装修的相关信息

在进行抖音小店装修之前，商家需要先对抖音小店装修有所了解。这一节，笔者就来讲解抖音小店装修的基础知识。

5.1.1　具体含义：什么是抖音小店装修

抖音小店装修就是对抖音小店页面进行设计，给进入抖音小店的用户留下良好的印象。通常来说，用户对抖音小店的第一印象，会影响用户的信任感，而信任感又关系到成交。因此，对商家来说，精心进行抖音小店装修，给用户留下良好的第一印象是很有必要的。

当然，抖音小店装修功能是有一定的使用条件的，商家只有保证抖音小店处于正常营业状态，且已完成抖音小店官方账号的绑定，才能进行抖音小店装修。

5.1.2　主要内容：抖音小店页面的装修

抖音小店装修主要就是对抖音小店中的精选页、分类页、自定义页和大促活动页进行相关设置和调整。下面，笔者分别讲解这些页面装修的基础知识。

1. 精选页装修

精选页即商品橱窗精选页，对该部分页面进行装修可以起到突出重点商品、提高商品转化率等的作用。精选页通常由 4 个模块组成，下面笔者就通过一张表格对这 4 个模块进行简单介绍，如表 5-1 所示。

表 5-1

模 块 名 称	模 块 说 明	装 修 选 择
头图	抖音小店橱窗顶部的背景图	系统默认必选
海报	可以实现跳转的海报图片	非必选
优惠券	展示抖音小店优惠信息的电子券	非必选
精选商品	商家精选的热销或主推商品	必选

2．分类页装修

分类页是指抖音小店装修的橱窗分类页，通过分类页的装修可以对商品进行分类整理，让用户更加快速、准确地找到需要的商品，从而达到提高商品转化率的目的。

商家可以手动为抖音小店添加多个类目，并上传对应的商品。不过抖音小店的分类数需控制在 5 ～ 20 个，并且每个分类的商品数需控制在 4 ～ 40 种。

3．自定义页装修

自定义页面是指按照自己的想法定义的页面，这种页面不固定在抖音小店中的某个位置，它可以用于精选页海报的跳转链接页。设置自定义页可以将同一类别、功效或活动的商品集中在一起，从而达到增加商品曝光率、提高抖音小店收益的目的。

具体来说，在自定义页中商家可以分别对标题（不超过 8 个字）和商品（因为暂时只支持双列的展示形式，所以商品必须是偶数个）进行设置。

4．大促活动页装修

很多抖音小店在节日、周年庆等特殊时间节点会进行大促（即大规模促销）。此时，商家便可以通过如下操作对抖音小店大促活动页进行装修。

Step 01 进入抖店后台的"首页"页面，单击左侧导航栏"店铺"板块中的"店铺装修"按钮，如图 5-1 所示。

图 5-1

Step 02 执行操作后，进入"店铺装修"后台，❶单击左侧导航栏中的"大促活动页"按钮，进入"大促活动页"页面；❷单击"装修页面"按钮，如图 5-2 所示。

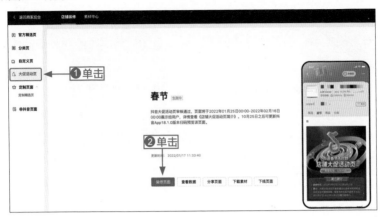

图 5-2

Step 03 执行操作后，进入"大促承接页"页面，如图 5-3 所示。商家可以将左侧的组件拖至中间的页面中，进行抖音小店装修。装修完成后，单击页面右上方的"生效"按钮，即可应用大促活动页装修效果。

图 5-3

5.1.3　常见问题：了解解决的方法

在进行抖音小店装修时，商家可能会遇到一些问题。下面，笔者就对抖音小店装修过程中的一些常见问题进行讲解。

（1）为什么无法预览装修页面？

通常来说，只要商家将抖音 App 升级至最新版本，便可以在装修完成后查看具体的页面效果。当然，如果出现"抖音小店未绑定官方账号"的提示，则需要先按要求完成官方账号的绑定才能预览装修的页面效果。

（2）为什么完成装修后在抖音小店中看不到效果？

抖音小店对查看装修效果的账号是有要求的，商家只有使用官方绑定的账号才能查看抖音小店装修的效果。另外，抖音小店装修页面版本生效之后才会显示对应的效果，商家需要查看装修是否生效了。具体来说，如果抖音小店装修生效了，那么该装修页面版本的左上方会显示"生效中"，如图 5-4 所示。

图 5-4

（3）为什么启用装修版本后不显示效果？

有时候，商家完成装修后，对应的装修页面版本中已显示"生效中"，但是抖音小店中却不显示对应的效果，这可能是因为页面装修版本还在审核中。通常来说，商家启用抖音小店页面装修版本之后，系统需要对页面装修版本进行审核，以确保新版本中不存在违规内容。具体来说，如果抖音小店页面装修版本中显示"审核中"，就说明该版本还需要通过系统的审核，如图 5-5 所示。

另外，如果页面装修版本中存在违规内容，那么提交审核之后，会显示"审核未通过"，如图 5-6 所示。此时，商家需要查看未通过审核的原因，并对页面装修版本进行相关的调整。

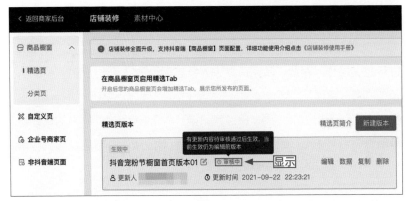

图 5-5

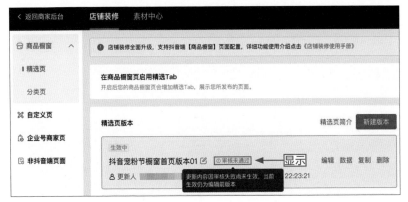

图 5-6

5.2　抖音小店装修：抖音端的店铺装修技巧

　　店铺装修就是对店铺中的大促活动页、精选页、分类页和自定义页等页面进行设计，以提升页面的美观度，给进入店铺的用户留下良好的第一印象。具体来说，商家可以在抖音 App 的"我"界面中点击"进入店铺"按钮，查看店铺页面，并对店铺页面进行装修。

　　那么，商家要如何做好抖音端店铺的装修呢？这一节，笔者就对抖音端店铺的装修进行说明，帮助大家快速掌握相关的知识和技巧。

5.2.1　装修条件：账号获得相关权限

　　店铺装修是有一定条件的，只有拥有店铺装修权限的账号才可以进行相关操作。对此，商家可以进入抖店后台的"子账号管理"页面，单击"岗位管理"选项卡中对应账号后方的"编辑"按钮。执行操作后，会弹出"编辑岗位"对话框，❶商家只需选中"店铺装修"前方的复选框；❷单击"保存"按钮，如图5-7所示，即可为对应账号开启店铺装修权限。

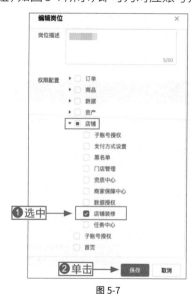

图 5-7

5.2.2　页面版本：创建和调整的方法

　　商家通过抖店后台进行店铺装修时，需要对"店铺装修"板块中的页面版本进行相关操作。下面，笔者就为大家讲解页面版本的一些基本操作方法，帮助大家熟练地掌握店铺装修的技巧。

1. 创建页面版本

　　如果商家需要对某个页面类型进行装修，需要进入"店铺装修"的对应页面中进行新建版本操作。以精选页装修为例，❶商家可以单击"店铺装修"板块左侧导航栏中的"精选页"按钮，进入"精选页"

页面；❷单击页面中的"新建版本"按钮，如图 5-8 所示。执行操作后，即可通过相关设置创建新的版本。而且对新建版本进行装修之后，还可以启用新版本，将装修应用到店铺中。

图 5-8

2．修改页面版本

如果商家需要对已生效的页面版本的内容进行调整，可以单击对应版本后方的"编辑"按钮，如图 5-9 所示。执行操作之后，只需根据提示调整，即可对页面版本进行修改。

图 5-9

如果商家只需要对生效中的页面版本的名称进行修改，可以执行如下操作，快速完成修改。

Step 01 进入需要修改名称的页面版本所在的页面，单击该页面版本中的图标，如图 5-10 所示。

图 5-10

Step 02 执行操作后，会弹出"修改版本名称"对话框，❶在对话框中输入需要修改的名称；❷单击"确定"按钮，如图 5-11 所示，即可完成页面版本名称的修改。

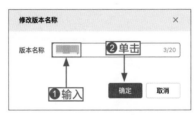

图 5-11

3．下线页面版本

如果商家对正在生效的页面版本不太满意，可以对该页面版本进行调整，也可以将其下线，并重新启用其他页面版本。下面，笔者就为大家介绍下线页面版本的基本操作。

Step 01 进入需要下线名称的页面版本所在的页面，单击该页面版本中的"下线"按钮，如图 5-12 所示。

图 5-12

Step 02 执行操作后，会弹出"确定下线页面？"对话框，单击对话框中的"下线"按钮，如图 5-13 所示，即可将正在生效的版本下线。

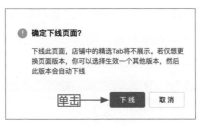

图 5-13

4．删除页面版本

如果商家进行店铺装修的次数比较多，可能会出现某些页面版本太多的情况。此时，商家便可以通过相关操作，将确定不需要的旧版本删除。

具体来说，商家进入对应页面版本所在的页面之后，会看到旧版本中显示的"删除"按钮，如图 5-14 所示。商家只需单击该按钮，即可删除对应的旧版本。

图 5-14

5.2.3　具体方法：抖音小店各页面的装修

在 5.1.2 节中，笔者简单介绍了抖音小店装修的 4 类页面，下面就来具体讲解这 4 类页面的装修方法。

1．精选页的装修方法

商家单击精选页中对应版本的"编辑"按钮，即可进入该版本精选页装修页面。例如，执行图 5-9 中的操作之后，会进入"年货节"页面。商家可以单击页面中间的相关模块，对相关内容进行装修。

例如，单击"海报"模块，会弹出"海报"设置窗口，如图 5-15 所示。商家只需在窗口中进行相关设置，并单击页面上方的"生效"按钮，即可完成精选页海报模块的修改。

图 5-15

2. 分类页的装修方法

可以通过编辑生效中的版本或新建版本来装修分类页，下面笔者就以新建版本为例来讲解具体的装修方法。

Step 01 ❶单击"店铺装修"左侧导航栏中的"分类页"按钮，进入"分类页"页面；❷单击页面右上方的"新建版本"按钮，如图 5-16 所示。

图 5-16

Step 02 执行操作后，对版本信息进行基本设置，即可进入分类页装修页面，如图 5-17 所示。商家只需要在右侧的"分类列表"窗口中设置标题和商品信息，并单击页面上方的"生效"按钮，即可完成分类页的装修。

图 5-17

3. 自定义页的装修方法

与其他页面类型不同，自定义页是不能单独存在的。因此，如果商家要通过自定义的设置进行装修，需要将自定义页关联其他种类的页面。下面，笔者以关联精选页为例，介绍具体的操作方法。

商家可以进入店铺精选页的装修页面，❶单击需要添加的自定义页模块；❷在弹出的窗口中单击"添加"按钮，如图 5-18 所示。执行操作后，只需设置自定义跳转链接的相关信息，即可将自定义页关联精选页。

图 5-18

4．大促活动页的装修方法

关于大促活动页的装修操作方法，笔者在 5.1.2 节中已经进行了介绍，这里就不再赘述了。当然，如果商家要使用官方的大促活动页素材，需要先单击"下载素材"按钮下载素材，如图 5-19 所示。然后，再在装修时使用这些素材。

图 5-19

5.2.4 保存生效：应用已装修的版本

对店铺页面进行装修之后，商家可以对装修好的版本进行保存和生效设置。下面，笔者就分别介绍装修版本的保存和生效设置。

1．装修版本的保存设置

在店铺版本的装修页面进行相关设置之后，页面上方会出现"保存"按钮，商家只需单击该按钮即可保存装修版本，如图 5-20 所示。

2．装修版本的生效设置

装修版本的生效设置有两种，商家可以根据自身需要进行选择。具体来说，对装修版本的相关信息进行设置之后，单击页面右上方的"生效"按钮，如图 5-21 所示，会弹出一个列表框。如果商家想让装修版本尽快生效，可以选择列表框中的"立即生效"选项。

图 5-20

图 5-21

如果商家想让装修版本过一段时间再生效，可以选择下拉列表框中的"定时生效"选项，设置具体的生效时间。执行操作后，会弹出"定时生效"对话框，❶商家可以在对话框中输入生效时间；❷单击"确定"按钮，如图 5-22 所示。执行操作后，即可将装修版本设置为定时生效。

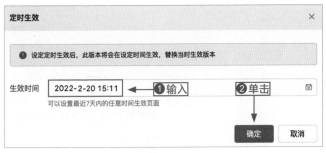

图 5-22

5.2.5 组件设置：有序展示营销内容

在抖音小店的装修过程中，商家可以通过组件的设置，有序地展示营销内容，吸引进店的用户停下来查看营销内容，甚至是购买店铺中的商品。下面，笔者就为大家介绍常见组件的相关知识和设置方法。

1. 导航组件

导航组件（抖店官方称之为"电梯导航组件"），顾名思义，就是为进店用户起到导航作用，并且能像电梯一样，直接将用户送往目的地的组件。用户进入抖音小店之后，只需点击导航组件中的按钮，即可进入对应界面，查看相关的商品。

通常来说，导航组件主要分为 3 种，即主推商品组件（通过组件链接让用户直达商品购买界面）、商品类别组件（通过组件链接让用户直达某个类别商品的展示界面）和营销活动组件（通过组件链接让用户直达某个营销活动的详情界面）。

图 5-23 所示为某抖音小店的"精选"界面，可以看到在该界面中设置了导航组件，用户点击该组件中的某个按钮，如"重磅新品"按钮。执行操作后，即可进入对应新品的详情页界面，如图 5-24 所示。

图 5-23

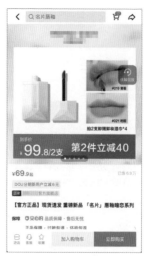

图 5-24

关于导航组件的类型、具体展示样式和链接地址，商家都可以自行通过店铺装修进行设置和调整。通常来说，商家可以根据自身的营销目的设置导航组件。例如，当商家要重点推广几种商品时，可以制作一个精美的导航栏，并在导航栏中分别添加这几种商品的详情页链接地址。

　　需要说明的是，设置导航的页面版本需要满足一个条件，那就是该页面中必须要有 3 个或以上已生效的组件。具体来说，在装修页左侧会出现已生效的组件名称。图 5-25 所示为某抖音小店的装修页，可以看到该页面中已生效的组件包括"海报""优惠券"和"商品"。

图 5-25

　　确定装修页中有 3 种或以上组件已生效之后，商家便可以通过如下步骤进行导航组件的设置了。

Step 01　通过抖店装修后台进入需要设置导航组件的页面版本，❶选择"基础组件"板块中的"电梯导航"组件；❷将其拖曳至装修页中的合适位置，如图 5-26 所示。

Step 02　执行操作后，在装修页的右侧会弹出"电梯导航"窗口。❶商家只需根据提示在该窗口中设置相关信息；❷然后单击右上方的"生效"按钮，如图 5-27 所示，即可完成电梯导航组件的设置。

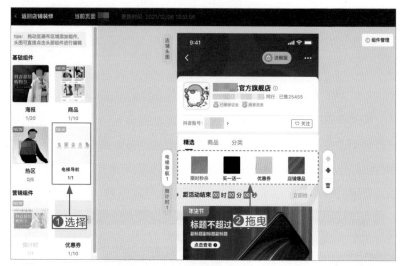

图 5-26

图 5-27

2. 热区组件

热区组件是指添加了链接地址的组件。图 5-28 所示为某抖音小店的
"精选"界面，在该界面中设置了"春季热卖开售"热区组件，用户点
击该组件所在的区域，即可进入对应商品的详情页界面，如图 5-29 所示。

图 5-28

图 5-29

那么，商家要如何设置热区组件呢？下面，笔者就来介绍具体的操作步骤。

Step 01 通过抖店装修后台进入需要设置热区组件的页面版本，❶选择"基础组件"板块中的"热区"组件；❷将其拖曳至装修页中的合适位置，如图 5-30 所示。

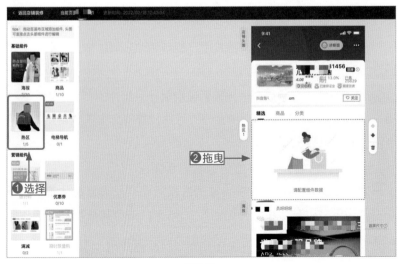

图 5-30

Step 02　执行操作后，在装修页的右侧会弹出"热区"窗口，如图 5-31
所示。商家可以在该窗口中选择热区的展示图片，并对热区的相关信
息进行编辑。信息编辑完成后，只需单击右上方的"生效"按钮，即
可完成热区组件的设置。

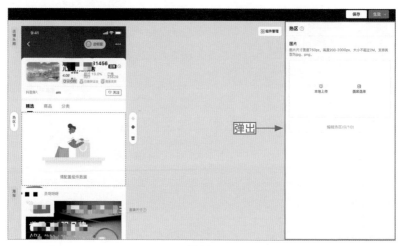

图 5-31

3．倒计时组件

　　倒计时组件就是用来显示活动倒计时的一种组件，这种组件可以
给用户造成心理上的压力，刺激用户参与活动。具体来说，商家可以
通过如下步骤设置倒计时组件。

Step 01　通过抖店装修后台进入需要设置倒计时组件的页面版本，❶选
择"营销组件"板块中的"倒计时"组件；❷将其拖曳至装修页中的
合适位置，如图 5-32 所示。

Step 02　执行操作后，在装修页的右侧会弹出"倒计时"窗口。❶商
家只需根据提示在该窗口中设置图片和活动时间等信息；❷然后单
击右上方的"生效"按钮，如图 5-33 所示，即可完成倒计时组件的
设置。

图 5-32

图 5-33

4．优惠券组件

优惠券组件是指在抖音小店中显示优惠券信息的一种组件。商家可以通过设置优惠券组件，向用户传达店铺的优惠力度，吸引用户领取优惠券，并下单购买商品。

具体来说，设置优惠券组件之后，相应页面中会显示优惠券的信息。用户如果要领取某张优惠券，可以点击该优惠券中的"立即领取"

按钮，如图 5-34 所示。执行操作后，如果界面中显示"领取成功"，就说明用户已成功获得了该优惠券，如图 5-35 所示。

图 5-34

图 5-35

可能部分商家还不知道如何设置优惠券组件，下面，笔者就来讲解具体的操作步骤。

Step 01 通过抖店装修后台进入需要设置优惠券组件的页面版本，❶选择"营销组件"板块中的"优惠券"组件；❷将其拖曳至装修页中的合适位置，如图 5-36 所示。

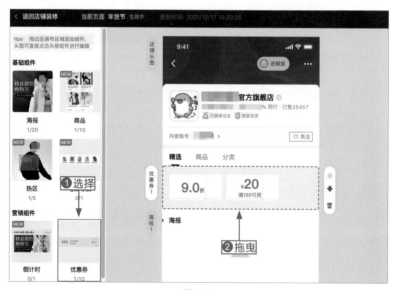
图 5-36

Step 02 执行操作后，在装修页的右侧会弹出"优惠券"窗口，如图 5-37 所示。商家只需根据提示在该窗口中设置标题、描述和优惠券的相关信息，并单击右上方的"生效"按钮，即可完成优惠券组件的设置。

图 5-37

5. 满减组件

满减组件就是用来展示抖音小店满减信息（包括满减的额度以及参与这次满减的部分商品）的一种组件，设置这种组件能够刺激用户凑单购买商品，增加店铺商品的销量。通常来说，满减组件中的满减额度比较大时，用户在惊讶的同时，会更愿意凑单购买商品，享受满减的优惠。

图 5-38 所示为某抖音小店的"超值满减"组件，可以看到该店铺中的满减分别为"满 200 减 20""满 2000 减 200"和"满 20000 减 2000"。虽然刚好凑够满减额度，也就相当于打了 9 折，但是"减 20""减 200"和"减 2000"这些减去的数额，却能对用户产生较强的吸引力。

那么，商家要如何设置满减组件呢？下面，笔者就来介绍相关的操作步骤。

Step 01 通过抖店装修后台进入需要设置满减组件的页面版本，❶选择

"营销组件"板块中的"满减"组件；❷将其拖曳至装修页中的合适位置，如图 5-39 所示。

图 5-38

图 5-39

Step 02 执行操作后，在装修页的右侧会弹出"满减"窗口。❶商家只需根据提示在该窗口中设置标题、满减活动和商品智能排序的相关信息；❷然后单击右上方的"生效"按钮，如图 5-40 所示，即可完成满减组件的设置。

6. 限时限量购组件

限时限量购组件就是用来展示限时限量销售的商品的一种组件，在这种组件中通常会展示已抢购的占比和抢购的倒计时。图 5-41 所示为某抖音小店中的"限时秒杀"组件，可以看到该板块中展示了抢购商品的价格、已抢购占比和抢购倒计时等信息。

图 5-40

图 5-41

限时限量购组件只需通过两步即可完成设置，具体如下。

Step 01 通过抖店装修后台进入需要设置限时限量购组件的页面版本，❶选择"营销组件"板块中的"限时限量购"组件；❷将其拖曳至装修页中的合适位置，如图 5-42 所示。

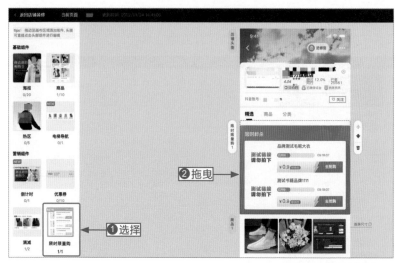

图 5-42

Step 02 执行操作后，在装修页的右侧会弹出"限时限量购"窗口。❶商家只需根据提示在该窗口中设置活动配置和商品智能排序的相关信息；❷单击右上方的"生效"按钮，如图 5-43 所示，即可完成限时限量购组件的设置。

图 5-43

第6章
视觉设计：
为抖音小店带来
更多的流量

用户在挑选商品时，会通过视觉感受来判断是否要点击查看或购买商品。因此，视觉设计做得好，能够为抖音小店带来更多的流量。本章，笔者就为大家讲解视觉设计的一些技巧，帮助大家打造更受用户欢迎的商品和店铺信息。

6.1　设计元素：抖店视觉设计的 3 个关键点

抖音小店商家只有注重视觉设计，才能保证良好的视觉营销效果。基本的视觉图形主要分为 3 种，即点、线、面。本节主要对这 3 种视觉设计元素进行详细介绍。

6.1.1　点元素：最为简单的视觉图形

点，属于一种很简单的视觉图形，当它被合理运用时就能产生良好的视觉效果，因此，在抖音小店的视觉营销中随处可见对视觉图形点的运用。如图 6-1 所示，这件连衣裙以黑色为底，加以白色圆点进行点缀。对圆点视觉元素的运用，在增加商品亮点的同时，还通过对点的有序排列，给用户带来了良好的视觉享受，能够快速吸引用户的目光。

图 6-1

6.1.2　线元素：构成流动性的视觉效果

线和点不同的地方在于，线构成的视觉效果是流动性的、富有动感的。在抖音小店的营销过程中，商家可以通过线条营造出富有动感的视觉效果，更好地突出商品的个性。

图 6-2 所示为某款手机的一张展示图片，该图片的主色调为黑色，

纯色的背景使整个画面简洁利落，突显出手机侧面的流线设计，提升了手机的整体质感。线条之间相互融合，不仅能有效地突显这款手机 3D 曲面的设计特点，还能吸引用户的关注，给用户带来强烈的视觉冲击。

图 6-2

6.1.3　面元素：多种图形突出商品卖点

面是点放大后的呈现形式，通常包含各种不同的形状，如三角形、正方形、圆形以及不规则的形状等。

图 6-3 所示为某礼盒的效果图，图中的礼盒位于中间位置，并且礼盒所占的面积比较大，达到了突出商品的目的。礼盒不规则的形状，以及礼盒上人物的状态，使整张效果图看起来富有生机和动感，给人一种明快之感。

图 6-3

商家在视觉营销中可以采用将不同平面进行拼接、组合的方式，突出商品的卖点，从而使商品的视觉效果更加丰富。不同板块的衔接、不同色彩的组合带来的强烈视觉对比，可以呈现出良好的视觉效果，从而达到视觉营销的目的。

6.2 视觉表达：将相关信息传递给目标用户

视觉营销归根结底是信息传递的过程，利用各种视觉表达方式向用户传递有关信息，引起用户关注，最终达到营销目的。具体来说，在视觉营销过程中，商家可以通过视觉的"两性四感"（即视觉时效性、利益性、认同感、信任感、价值感和细节感），将信息准确地传达给用户。

6.2.1 视觉时效：抢占用户的第一印象

时间在视觉营销中占据着举足轻重的地位，因为把握好时间对于视觉效果的打造和推出很重要。在这个信息大爆炸的时代，信息不仅繁杂，而且发布和传播都很迅速，如果想要引起用户的关注，就要抢占营销时机，做到分秒必争。

例如，某品牌就十分懂得把握时机，与其他品牌的营销策略不同，该品牌进入美妆市场的初步举措就是推出了史上首个全彩妆系列商品。据悉，从它公布商品的照片和细节到开始发售只用了 7 天时间。

那么，商家到底应该如何保证视觉的时效性，抢占用户的第一印象呢？相关分析如图 6-4 所示。

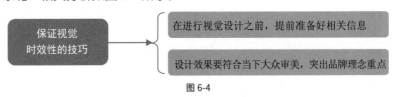

图 6-4

6.2.2 视觉利益：锁定事关利益的敏感词

商家要想利用视觉效果传递令用户感兴趣的信息，首先就应该锁定用户的基本利益需求。一般而言，当用户在浏览信息时看到了赠送、优惠、福利和折扣等字眼时，就容易被激起购买欲。

因此，商家可以通过宣传图直接将能满足用户基本利益需求的信息展示出来，快速吸引用户的目光。图 6-5 所示为某抖音小店中的一张宣传图，该图片便将购买的福利清晰地展现出来了。

图 6-5

6.2.3　视觉认同：利用名人提升好感度

在传达视觉信息时，商家可以利用大家喜爱的明星或者名人来获取用户的认同，提升用户的好感度，从而使商品的营销活动得到更多的关注，最终提高商品的销量，达到视觉营销的目的。如图 6-6 所示，某商品的营销图便是通过展示其代言人来获得视觉认同感的。

图 6-6

6.2.4 视觉信任：加入店铺的服务信息

基于在线购物的虚拟性，很多用户对商品以及商家都没有足够的信任感，因此在传达信息时加入正品保障、售后服务热线、退货服务等信息能够让用户放心购物，从而提升店铺的转化率。

如图 6-7 所示，在某抖店商品的详情页中，不仅在标题上写明了"官方正品"的字样，而且还为用户提供了多种保障。用户点击"保障"右侧的 〉图标，还可以在弹出的对话框中查看购买该商品的具体保障，如图 6-8 所示。看到"官方正品"的字样和购买商品的保障之后，用户会对商家更加信任，也会更愿意下单购买商品。

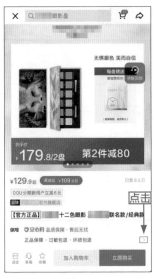

图 6-7　　　　　　　　　　　　图 6-8

特别提醒	在视觉营销的过程中，商家应为用户提供真实可信的商品信息，以及相关的商品服务信息，从而增加用户对商品以及商家的信任度，提高商品的销量。另外，在视觉营销中加入优质的服务信息，有利于增强用户对店铺的好感，扩大品牌影响力。

6.2.5　视觉价值：抓住用户取向和喜好

传达信息要准确，并且要清楚地分配每个页面的具体作用，而做好这些工作的基础就是深度了解目标用户的取向和喜好，体现视觉信息的价值感。在页面中传达信息时，可以在页面上直接注明重要信息，起到突出和强调的作用。值得注意的是，标注的信息要注重语言的提炼，注重核心信息点的传达。

图6-9所示为某化妆品的宣传图。该图通过简洁的文字对商品的一些重要信息进行了清晰展示，让目标用户一目了然。这张宣传图将此商品的特点最大限度地投放给目标用户，成功地抓住了用户的取向和喜好。

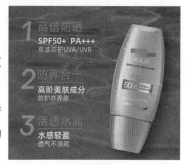

图 6-9

6.2.6　视觉细节：重点展示商品的优势

在传递视觉信息时要注重视觉细节的准确、到位。这里的细节到位不是面面俱到，越详细越好。因为图形的范围有限，用户能够接受的信息也是有限的，如果一味地追求细节，就会陷入满屏的信息之中，无法突显重点。那么，怎样才能让视觉的细节到位呢？相关分析如图 6-10 所示。

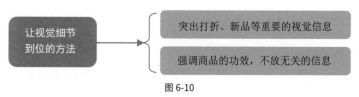

图 6-10

图 6-11 所示为某商品的宣传图，图中展示的是 30 名问题肌受试者经过测试后对于该商品在提亮肌肤、有效遮盖和滋润肌肤方面的认同度。在视觉设计上，整个画面以百分比的形式，着重展示了受试者对相关功效的认同度，因为认同度占比都比较高，所以该商品的功效

对用户具有较强的说服力。

图 6-11

 人的眼睛是不可能看到所有细节的，因此视觉设计只要突出想要传达的信息就可以了，多余的细节只会造成画面的混乱，影响用户对重要信息的摄取，继而导致视觉营销效果不佳。

6.3　了解原因：抖店为什么要做视觉设计

抖店为什么要做视觉设计？可能部分商家会有这个疑问。笔者认为，这主要是因为做视觉设计可以带来 3 个层面的好处，即观赏层面、展示层面和销售层面。这一节，笔者就来进行具体说明。

6.3.1　观赏层面：提高页面的美观度

视觉设计可以提升页面的美观度，让整个页面更加具有观赏性。图 6-12 所示为同一种商品的两张宣传图。对左侧的图片未特意做视觉设计，只是简单展示了商品的外观；而对右侧的图片则进行了一些视觉上的设计，如添加了一些背景元素、将不同的款式放在了同一个页面中。毫无疑问，相比之下，右侧的图片更具有观赏性，也更能吸引用户的目光。

由此不难看出，即便是同一种商品，对图片是否做设计，最终呈现的效果是不同的。如果是不同的商品，那么观赏效果的差异可能还会更大一些。因此，适当地对图片进行设计还是很有必要的。

图 6-12

6.3.2　展示层面：重点信息突出显示

商家在做视觉设计时，可以对相关内容进行突出显示，让用户能够快速把握住重点，从而增强商品对用户的吸引力。图 6-13 所示为某商品的宣传图，该图片突出显示了该商品的"舒缓保湿 滋润肌肤"的功效。

图 6-13

大多数用户在选购商品时，都会快速浏览商品的信息，如果一眼看过去没有打动自己的信息，那么用户就会去看其他的商品。而将重点信息进行突出显示，则可以增加重点信息被用户看到的概率，让用户停下来仔细查看商品的信息，甚至是直接购买商品。

6.3.3　销售层面：提高用户的下单意愿

抖店的设计对于用户的下单意愿会产生一定程度的影响，如果能通过设计，让用户觉得你的商品确实是值得购买的，那么他们自然会愿意下单购买。

图 6-14 所示为某化妆品套装的宣传图，该套装包含的商品种类本身就是比较多的，另外还有价值几百元的赠品，再加上这个套装的售价也才几百元（比赠品的价值多不了多少），所以很多用户看到该图片之后，很容易因被赠品打动，而主动下单购买这款套装。

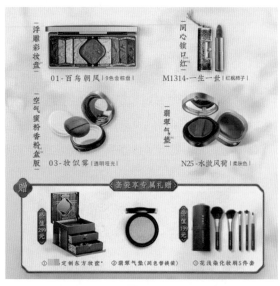

图 6-14

6.4　色彩布局：增强抖店的页面展示效果

在抖音小店的运营过程中，如何运用色彩搭配来打造商品是视觉设计中非常关键的环节。如果想以视觉取胜，那么就要通过色彩搭配来增强页面的展示效果，将商品的特质呈现出来。

6.4.1　色彩常识：了解色调的相关知识

在大自然中，我们经常见到这样一种现象：不同颜色的物体被笼罩在一片金色的阳光之中，或被笼罩在一片淡蓝色的月光之中；或被笼罩在秋天迷人的金黄色之中；或被笼罩在冬季浪漫的银白色之中。在不同颜色的物体上笼罩着某一种色彩，使不同颜色的物体都带有这种色彩倾向，这其中起主导作用的颜色，就是色彩的基调。

色调指的是画面色彩的总体倾向，是大方向的色彩效果。在抖店页面设计的过程中，往往会使用多种颜色来表现形式多样的画面效果，但总体上都会呈现某一种色彩倾向，如偏黄或偏绿等，这种颜色上的倾向就是画面给人的总体印象，也就是色调，也被称作画面的基调。

色调是色彩运用中的主旋律，是构成抖店页面的整体色彩倾向，也可以称之为"色彩的基调"。画面中的色调不仅仅是指单一的色彩效果，也指色彩与色彩直接相互关系中所体现的总体特征，是色彩组合的多样、统一呈现出的色彩倾向。下面，笔者就简单为大家介绍关于色调的一些倾向。

1．色调色相的倾向

色相是决定色调最基本的因素，对色调起着重要的作用。色调的变化主要取决于画面中设计元素本身色相的变化，如某个页面呈现红色调、绿色调或黄色调等，其指的就是画面设计元素的固有色相，就是这些占据画面主导地位的颜色决定了画面的色调倾向。

例如，如果模特穿的裙子上带有蓝色的碎花，那么在进行抖店页面设计时，可以将周边元素都换为蓝色。这样做可以使页面整体上达到和谐统一，而且其呈现的蓝色调会给人一种舒适宁静之感。

2．色调明度的倾向

当构成画面的基本色调确定之后，接下来的色彩明度变化也会对画面造成极大的影响。画面明亮或者暗淡，其实就是明度的变化赋予画面的不同明暗倾向，因此在设计抖店页面时，采用不同明度的色彩能够创造出丰富的色调变化。

例如，当模特处在明度暗淡的环境时，可以让模特的衣服和手中商品的色调呈现高明度。这样，在对比之下，整个画面会呈现丰富的色调变化，使画面具有明快之感。

3. 色调纯度的倾向

在色彩的 3 大基本属性中，纯度同样是决定色调不可或缺的因素，不同纯度的色彩所赋予的画面感觉也不同，我们通常所指的画面鲜艳度或昏暗度均为色彩的纯度所决定的。在抖店页面设计中，色调纯度的倾向一般会根据具体主体的色彩来决定。不过，就色彩的纯度倾向而言，高纯度色调和低纯度色调都能赋予画面极大的反差，给用户带来不同的视觉印象。

6.4.2　配色方案：制造出美的色彩组合

"调"是指调整、调配、安排、搭配和组合等；"和"可理解为和谐、融洽、恰当、适宜、有秩序、有条理，没有尖锐的冲突。配色的目的就是制造、调和出美的色彩组合，而和谐是色彩美的首要前提，它使色调让人感觉到愉悦，调配后的颜色还能满足人们视觉上的需求以及心理上的平衡。

我们知道，和谐来自对比，和谐就是美。没有对比就没有刺激神经兴奋的因素，但只有兴奋也会造成过度的疲劳，会造成精神的紧张。所以，在设计抖店页面时，既要通过对比来产生和谐的刺激美，又要通过适当的调和来抑制过分的对比刺激，从而产生一种恰到好处的对比。总的来说，色彩的对比是绝对的，而调和是相对的，调和是实现色彩美的重要手段。下面，笔者就为大家讲解几种调和配色。

1. 以色相为基础的调和配色

在保证色相大致不变的前提下，通过改变色彩的明度和纯度来达到配色的效果，这类配色方式保持了色相上的一致性，所以色彩在整体效果上很容易调和。以色相为基础的配色方案主要有以下几种。

（1）同一色相配色：指将相同的颜色搭配在一起，比如灰色的商品配上灰色的背景，这样的配色方法就是同一色相配色法。图 6-15 所示为某款电脑的宣传图，图片中的商品和背景等都是银灰色的，可以使画面显得干净整洁，突显出商品的质感。

图 6-15

（2）类似色相配色：指色相环中类似或相邻的两个或两个以上的色彩搭配。如黄色、橙黄色、橙色的组合，紫色、紫红色、紫蓝色的组合等都是类似色相配色。类似色相配色在大自然中出现得特别多，如嫩绿、鲜绿、黄绿以及墨绿等。图 6-16 所示为某款空气蜜粉的宣传图，该图片便是围绕绿色系进行类似色相配色的。

图 6-16

（3）对比色相配色：指在色环中，位于色环圆心直径两端的色彩或较远位置的色彩搭配。它包含了中差色相配色、对照色相配色、辅助色相配色。在 24 色相环中，两色相相差 4 ～ 7 个色，称为基色的中差色，在色相环上有 90°左右的角度差的配色就是中差配色，它的色彩对比效果明快，深受人们的喜爱；在色相环上，色相差为 8 ～ 10 的色相组合，被称为对照色，从角度上说，相差 135°左右的色彩配色就是对照色；色相差为 11 ～ 12，相差角度为 165°～ 180°左右的色相组合，被称为辅助色配色。

在色相对比中，除了两色对比，还有三色、四色、五色、六色、八色甚至多色的对比。在色环中成等边三角形或等腰三角形的 3 个色相搭配在一起时，称为三角配色。四角配色常见的有红、黄、蓝、绿，及红、橙、黄、绿等色。

2．以明度为基础的调和配色

明度是人类对光源和物体明暗程度的感觉，它的变化可以表现事物的立体感和远近感。如希腊的雕刻艺术就是通过光影的作用产生了许多黑白灰的相互关系；中国的国画也经常使用无彩色的明度搭配。彩色的物体也会受到光影的影响产生明暗效果，如紫色和黄色就有着明显的明度差。

可以将明度分为高明度、中明度和低明度 3 类，这样明度就有了高明度配高明度、高明度配中明度、高明度配低明度、中明度配中明度、中明度配低明度、低明度配低明度 6 种搭配方式。其中，高明度配高明度、中明度配中明度、低明度配低明度属于相同明度配色。

在抖店页面设计中，一般使用明度相同、色相和纯度变化的配色方式，利用相同色相的不同明度完成配色，可得到一种安静的视觉体验。

3．以纯度为基础的调和配色

纯度的强弱代表着色彩的鲜艳程度，在一组色彩中，当纯度的水平相对一致时，色彩的搭配也就很容易达到调和的效果，纯度高低的不同也会使色彩的搭配有不一样的视觉感受。

图 6-17 所示为高纯度配色的雪糕宣传图片，高纯度调和配色使得画面鲜艳生动，给人一种特别有食欲的感觉。

椰子遇上海盐

图 6-17

4．无彩色的调和配色

无彩色是指除彩色之外的其他颜色，常见的无彩色包括金色、银色、灰色、黑色和白色等。无彩色的色彩个性并不鲜明，将无彩色与任何色彩搭配都可以取得调和的色彩效果。具体来说，通过无彩色与无彩色搭配，可以传达一种经典的永恒美感，如图 6-18 所示；而将无彩色与有彩色搭配，则可以把无彩色作为主要的色彩来调和色彩间的关系。

图 6-18

因此，在抖店页面设计中，有时为了达到某种特殊的效果，或者突显某个特殊的对象，可以通过无彩色调和配色来设计画面。

6.4.3 配色技巧：色彩设计要符合主题

对于抖店页面设计来说，色彩是最重要的视觉因素，不同颜色代表不同的情绪，因此对色彩的使用应该与设计的主题相契合。

例如，可以将零食类店铺的整体画面基调设计成纯度和明度都比较高的紫色，高饱和度的紫色给人的感官刺激很强烈，容易让人产生食欲，与店铺营销的商品相契合。

在抖店页面的制作过程中，根据色彩的特性，通过调整其色相、明度以及纯度之间的对比关系，或通过调和各色彩的面积，可以搭配出千变万化的页面效果。

6.5 设计策略：抖店视觉营销技巧讲解

商家在借助抖店平台和抖音盒子平台进行视觉营销时，应注重对用户的心理分析，进而在视觉设计过程中，借助视觉心理学的有关知识来传达商品信息，吸引用户的注意力。本节将结合视觉心理学，为大家介绍视觉营销的设计策略，以提升商品对用户的吸引力。

6.5.1 突出展示：将重点信息放在显眼的位置

用户浏览信息时，停留在每个页面上的时间极短。当用户发现页面内容没有吸引力、缺乏浏览价值时，就会快速跳过该页面。根据用户的这一心理，商家必须在用户短暂停留的时间内，将具有吸引力的视觉信息传送到用户眼前。要做到这一点，要求商家在进行视觉设计时，要将营销活动的重点信息放在页面的显眼位置，从而在有效的视觉范围之内突显最有价值的信息。

一般而言，图形是有界限的，即包括一定的范围，而画面中的内容所处的位置代表了它的地位。应将重要的信息放在显眼的位置，将次要的信息放在角落。因此，在进行视觉营销时，要把重要的信息放在图片中间，将想让用户一次性看完的信息放在一起，尽量避免分开。

> 有的商家和店铺不注重图片内容的位置摆放，没有突出重要的信息，如折扣、优惠等，就会白白错过大量的用户，因为用户是不会花时间筛选这些重要信息的，因此商家在进行视觉营销设计时就要加以注意。

6.5.2　信息契合：场景与商品视觉带入一致

用户在浏览信息时常常不自觉地被和自身契合的图片吸引。这种情况的出现其实就是用户往往会把自己带入图片的场景中，特别是当画面场景与用户心理高度符合的时候，效果就会更加显著。因此，商家在拍摄商品时，应该首先找准目标受众，然后对商品进行准确的定位，最后根据商品定位和目标受众进行拍摄。

> 场景的带入需要利用用户的感性心理，要让他们在看到图片后就能够产生情感共鸣，从而对商品产生好感。当然，这就需要商家在设计视觉效果时把握好场景和商品的契合度，尽量使用恰当的营销图片，继而通过视觉效果传达出自己的品牌理念及商品特色。

例如，商家在展示慵懒风的毛衣时，可以通过一定的设计进行视觉的带入。此时，可以让模特穿着该毛衣在家里的沙发上拿着 CD 自在地享受悠闲时光，传达出一种自由、舒适与快乐的品牌理念。

喜欢慵懒且个性独立的用户看到这张图片，就会不自觉地把自己带入场景之中，从而产生购买这件毛衣的冲动。这便是商家利用图片场景与销售商品的高契合度激发用户情感共鸣的一种视觉带入手段。

6.5.3　一秒法则：用户能快速把握重点信息

"一秒法则"是指在一秒钟之内，将商品宣传图中的营销信息有效地传达给用户，也就是让用户通过图片"秒懂"商品。如果商品宣传图中的信息非常多，包括商品图片、商品品牌、商品名称、广告语、商品卖点，以及应用场景等内容，对于用户来说，显然是无法在一秒钟之内就看明白的。

如果商品营销图片中的信息过于杂乱，用户就很难快速看出该商品与同类型商品有哪些差异化的优势，也就无法精准对接用户的真实需求。

图 6-19 所示为某商品的宣传图，图中虽然只有一些简单的字眼，但是能够让用户快速了解商品的特点。如果文案恰好能满足用户的需求，则很容易吸引用户点击图片查看商品的详情。

图 6-19

大部分用户浏览商品的速度都是比较快的，可能短短几秒钟会看几十个同类型的商品，通常不会太过注意图片中的内容。因此，商家一定要在商品宣传图上放置能够引起用户购买兴趣的有效信息，不能让多余的信息成为用户的负担，否则用户看到你的商品宣传图之后可能就提不起兴趣了。

宣传图对于商品销售来说非常重要，那些内容不全面、抓不到重点的宣传图是很难吸引用户关注的。因此，商家在设计商品宣传图内容时，一定要突出重点信息，将商品的核心卖点充分展现出来，并且加以修饰和润色。对于那些无关紧要的内容，一定要及时删除，不要影响表达的主题。

6.5.4　富有创意：让用户觉得有东西可看

在做页面设计时，商家要通过富有创意的视觉设计来吸引用户的目光，让他们感觉有东西可看。这样，用户才愿意停下来查看商品的信息，并在此基础上判断是否要下单进行购买。

那么，商家要如何增加页面内容的可看性呢？例如，采用明暗对比构图来展示商品，可以让明亮的商品（茶叶罐）与暗淡的背景相互映衬，体现出一种节奏分明、有张有弛的视觉感受，如图 6-20 所示。

图 6-20

6.5.5　色彩绚丽：增强视觉表现力和冲击力

色彩设计能够让图片富有极强的表现力和视觉冲击力。对于进入店铺的用户来说，他们首先会被店铺中的图片色彩所吸引，然后根据色彩的走向对画面的主次逐一进行了解。把店铺图片的色彩设计好，就会在视觉上吸引用户，从而提高店铺的转化率。

图 6-21 所示为使用多种色彩设计的商品宣传图，图中的各物体和背景被设计成了多种不同的颜色。这样设计图片可以让画面色彩更丰富，更具有感官刺激性，也更容易吸引用户的注意力，让用户产生浓厚的兴趣。

除了设计图片中物体的颜色之外，适当地设计文字的色彩，也可以增强内容的视觉表现力。通常的做法是为文字设置不同的颜色或者增强文字与背景色彩之间的对比度，使文字具有更强的表现力，帮助用户快速理解文字信息，同时也方便用户对其进行浏览。

图 6-22 所示为使用了不同色彩文字的图片，通过为不同区域的文字设置不同的色彩，使商家所要传达的文字信息看起来更加明显。商家可以利用此方法设计商品文字，这不仅能提高整体的美观度，还能让用户快速把握关键信息。

图 6-21

图 6-22

6.5.6　调动联想：利用人的感官增加购买欲

人的不同感官的感觉可以通过联想的方式联系在一起，如俗语中的"一朝被蛇咬，十年怕井绳"就体现了这种心理效应。商家在借助各电商平台进行视觉营销时也可利用用户的这一心理。尤其是对于食物类的商品而言，如果将视觉效果打造得格外细腻、逼真，或者看起来让人垂涎欲滴，就能够达到视觉营销的目的。

图 6-23 所示为某款虎皮鸡爪的宣传图，该图便是利用通感效应让用户看到虎皮鸡爪的外形之后垂涎欲滴，忍不住想要买来尝尝。

图 6-23

03 运营篇

第7章
店铺运营：
抖音小店的精
细化管理运作

　　入驻抖店平台并获得自己的店铺之后，商家还需要通过日常运营来维持店铺的运作。本章，笔者将从商品运营、运营规则和店铺操作这 3 个方面来介绍店铺运营的相关知识，帮助大家更好地进行抖音小店的精细化运作。

7.1　商品运营：找到爆款打造方案

对于抖店的运营工作来说，商品的运营是带货出单的重中之重，商品的运营包括选品、定价、上货等多个环节。虽然很多商家都知道抖店商品运营的重要性，但仍然有很多人在这个环节上遇到各种问题。本节将介绍商品运营的相关技巧，包括选品渠道、选品技巧、上架商品和提炼卖点等内容。

7.1.1　选品渠道：快速找到合适的商品

商家可以通过多个渠道进行选品，快速找到适合进行带货的商品。例如，商家可以查看各渠道上哪些商品比较受用户的欢迎，并据此确定要带货的商品。下面，笔者就以抖音平台和蝉妈妈平台为例，为大家介绍选品的方法。

1. 通过抖音平台选品

抖音平台中的爆款，在抖音盒子平台中通常也会比较受欢迎。抖音平台推出了一些榜单，商家可以通过这些榜单选择合适的商品，具体操作步骤如下。

Step 01　进入抖音 App 的个人主页界面，点击"商品橱窗"按钮，进入对应界面，点击该界面中的"选品广场"按钮，如图 7-1 所示。

Step 02　执行操作后，进入"抖音电商精选联盟"界面，点击导航栏中对应榜单的按钮，如"热销榜单"按钮，如图 7-2 所示。

Step 03　执行操作后，进入"联盟商品榜单"界面的"爆款销量榜"选项卡，该榜单会根据销售量、销售额和热推达人数对商品进行排序，如图 7-3 所示，商家可以选择该榜单中销量靠前的商品进行带货。

Step 04　除了默认的"爆款销量榜"选项卡之外，商家还可以切换至其他选项卡，如"家居百货"选项卡，如图 7-4 所示，选择适合自己的商品类目进行带货。

图 7-1

图 7-2

图 7-3

图 7-4

2. 通过蝉妈妈平台选品

蝉妈妈抖音版平台中有一些与商品相关的排行榜，商家可以参考这些排行榜进行选品，选择受用户欢迎的商品进行带货，具体操作步骤如下。

Step 01 进入蝉妈妈抖音版平台的"工作台"页面，单击左侧导航栏中的"商品"按钮，如图 7-5 所示。

图 7-5

Step 02 执行操作后，会出现细分类别导航栏，单击该导航栏中对应榜单的按钮，如"抖音销量榜"按钮，如图 7-6 所示。

图 7-6

Step 03 执行操作后，即可进入"抖音销量榜"页面，查看一段时间内抖音平台中的热销商品。如果商家要查看某类商品在抖音平台中的销量排行榜，可以单击该类别对应的按钮，如"食品饮料"按钮，如图 7-7 所示。

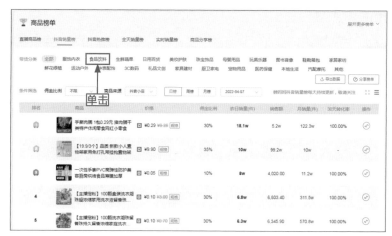

图 7-7

Step 04 执行操作后，即可查看抖音平台中食品饮料类商品的销量排行情况。蝉妈妈抖音版默认呈现的是前一天的"抖音销量榜"，如果商家要查看不同时间段的榜单情况，可以单击对应按钮，如"月榜"按钮，如图 7-8 所示。

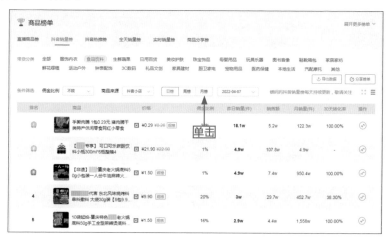

图 7-8

Step 05 执行操作后，即可查看近一个月的"抖音销量榜"，如图 7-9 所示。"抖音销量榜"是根据商品的销量进行排名的，排名越靠前的商品，就越受用户的欢迎。商家可以选择该榜单中排名靠前的商品进行销售，让自己的卖货销量更有保障。

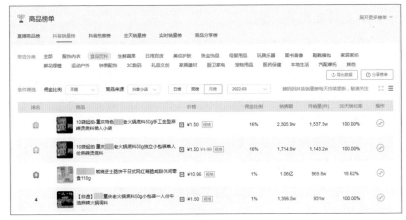

图 7-9

　　除了"抖音销量榜"之外，商家还可以通过其他榜单选择卖货商品。具体来说，商家可以单击"直播商品榜"按钮，进入对应页面，查看一段时间内直播商品的销量排行情况，如图 7-10 所示。

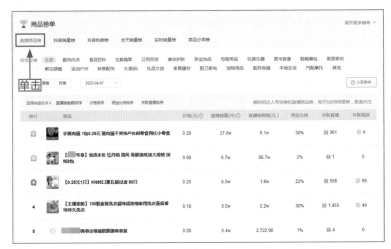

图 7-10

7.1.2　选品技巧：找出优质的带货商品

　　在抖音盒子平台带货时，选择的商品的质量会直接影响用户的购买意愿，商家可以通过以下几点来选择优质的商品进行带货。

1. 选择高质量的商品

抖店中不能出现"假货""三无商品"等伪劣商品，这属于欺骗用户的行为，平台会给予严厉惩罚，因此商家一定要本着对用户负责的原则进行选品。

用户在商家的店铺进行下单，必然是信任商家，商家选择优质的商品，既能加深用户的信任感，又能提高商品的复购率。因此，商家在商品的选择上，可以从图7-11所示的几点出发。

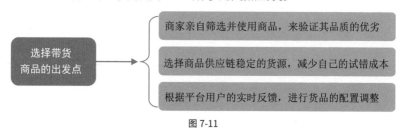

图 7-11

2. 选择与人设定位相匹配的商品

如果是网红或者明星进行带货，在商品的选择上，首先可以选择符合自身人设的品牌。例如，作为一个"吃货"，那么商家选择的商品一定是美食；作为一个健身博主，则商家选择的商品可以是运动服饰、健身器材或者代餐商品等；作为一个美妆博主，则商家选择的商品一定是美妆品牌。

其次，商品要符合商家的人设性格。例如，某明星要进行直播带货，这个明星的人设是"天真烂漫，活泼可爱"，那么她所带货的商品，品牌调性可以是有活力、明快、有个性、时尚或者新潮的；如果商家是认真且外表严谨的人设，那么他所选择的商品可以是更侧重于高品质、具有优质服务的可靠商品，也可以是具有创新的科技商品。

3. 选择一组可配套使用的商品

商家可以选择一些能够搭配销售的商品，进行"组合套装"出售，还可以利用"打折""赠品"的方式，吸引用户观看直播并下单。

用户在抖音盒子平台购买商品时，通常会对同类商品进行对比，如果商家单纯利用降价或者低价的方式进行营销，可能会让用户对这些低价商品的质量产生怀疑。

但是，如果商家利用搭配销售商品的优惠方式，或者赠品的方式，既不会让用户对商品的品质产生怀疑，也能在同类商品中体现出一定的性价比，从而让用户内心产生"买到就是赚到"的想法。

例如，在服装商品的直播间中，商家可以选择已搭配好的衣服和裤子进行组合销售，既可以让用户在观看直播时因为觉得搭配好看而下单，还能让用户省去自己搭配服饰的烦恼。因此，这种服装搭配的销售方式，对于不会穿搭的用户来说，既省时又省心，相对来说吸引力会更高。

4．选择一组商品进行故事创作

商家在筛选商品的同时，可以利用商品进行创意构思，加上场景化的故事，创作出有趣的带货脚本内容，让用户在观看直播的过程中产生好奇心，从而下单购买。

创作的故事可以是关于对某一类商品的巧妙利用，可在原有基础功能上进行创新，在满足用户痛点（满足刚需）的同时，为用户带来更多痒点（满足欲望）和爽点（即时满足）。另外，内容的创意构思也可以是对多个商品的妙用，或者是商品与商品之间的主题故事讲解等。

7.1.3　一键上架：添加其他平台的商品

商家如果有其他平台的店铺，可以借助上货服务来批量添加商品，这样效率会更高。具体来说，商家可以通过如下操作，使用上货服务添加其他平台中的商品。

Step 01 进入抖店平台的"首页"页面，将鼠标停留在右上方的"更多"按钮上，会出现一个列表框，选择列表框中的"服务市场"选项，如图7-12所示。

图 7-12

Step 02 　执行操作后，进入"抖店丨服务市场"后台的"首页"页面，单击"管理工具"板块中的"一键上架"按钮，如图 7-13 所示。

图 7-13

Step 03 　执行操作后，即可搜索到大量的上货服务，如图 7-14 所示。商家可以根据销量、评分和发布时间等维度来选择合适的上货服务。

Step 04 　选择相应的上货服务后进入其详情页面，可以查看该服务的功能介绍、服务详情、使用教程和服务评价等内容，❶选择相应的版本和周期；❷单击"立即订购"按钮即可订购该服务，如图 7-15 所示。通过上货服务可以抓取天猫、京东、微店、阿里巴巴、拼多多、淘宝等平台的店铺商品，快速将其添加到抖店平台。

图 7-14

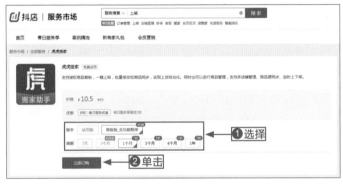

图 7-15

7.1.4　卖点提炼：增加商品的吸引力

商家在抖音盒子平台带货时，需要深入分析商品的功能并提炼相关的卖点，然后亲自使用和体验商品，并将商品卖点与用户痛点相结合，通过直播或短视频来展现商品的真实应用场景。打造商品卖点的 4 个常用渠道如图 7-16 所示。

总之，商家只有深入了解自己所带货的商品，对商品的生产流程、材质类型和功能用途等信息了如指掌，才能提炼出商品的真正卖点。在做抖音盒子的内容时，商家可以根据用户对痛点需求的关注程度，来排列商品卖点的优先级，全方位地介绍商品信息，以吸引用户加购或下单。

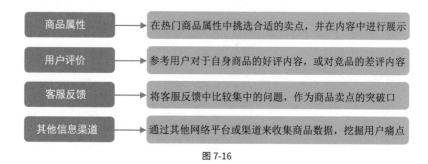

图 7-16

商家要想让自己的商品吸引用户的目光，就要知道用户想要的是什么，只有抓住用户的消费心理来提炼卖点，才能让商品更吸引用户并促进他们下单。

7.2 运营规则：合规经营做大做强

抖店的商家就算把店铺运营得非常好，也难免会出现违规行为。因此，商家必须做到合规经营，这样才能让店铺快速做大做强。本节，笔者整理了抖店的一些运营规则，包括店铺命名规则、商品发布规则和商家违规行为管理规则，帮助商家更好地理解和运用规则，让店铺和账号健康成长。

7.2.1 抖店命名：设置店铺名称的规则

从抖店的品牌推广来看，要想让店名便于记忆，在命名上需要具备新颖、易于传播等特点。在店铺主页中，店铺名称通常位于最顶端，它的作用与实体店铺名称的作用相同，是大部分用户最先了解和接触到的信息。

店名是店铺的名称和招牌，一个好的店名，除了能传达明确的信息外，还可以表现出店铺商品的品牌和品质。要做到这些，商家在设计店名时需要遵循一定的平台规则，清晰地告诉用户你在卖什么，或者你的店铺有什么特色与影响力。

抖店的店铺类型可以细分为官方旗舰店、旗舰店、专卖店、专营店、企业店和个体店，这些店铺的定义和命名规则如表 7-1 所示。

表 7-1

店铺类型	定义	授权	申请主体	品牌力	命名形式
官方旗舰店	以自有品牌（商标为 R 标或 TM 标）或由商标权利人（商标为 R 标）提供独占授权入驻平台开设的品牌店铺	针对独占授权的品牌，"品牌授权书"模板应为"官方旗舰店授权模板"	应为企业、个体工商户，个人不得申请	高	品牌名+官方旗舰店
旗舰店	以自有品牌（商标为 R 标或 TM 标）或由商标权利人（商标为 R 标）提供独占授权入驻平台开设的品牌店铺	根据品牌授权书类型，可申请"旗舰店"或"官方旗舰店"	应为企业、个体工商户／个人不得申请	高、中	品牌名+一级类目（可选）+旗舰店
专卖店	以商标权利人提供普通授权的品牌入驻平台开设的企业店铺	入驻品牌应为已经注册的商标（R 状态），或申请时间满 6 个月无驳回复审的 TM 标	应为企业、个体工商户／个人不得申请	高、中	品牌名+企业商号+一级类目（可选）+专卖店
专营店	以商标权利人提供普通授权的企业开设的企业店铺，经营 2 个及以上品牌	入驻品牌应为已经注册的商标（R 状态），或申请时间满 6 个月无驳回复审的 TM 标	应为企业，个体工商户不得申请	高、中	企业商号+一级类目（可选）+专营店
企业店	以商标权利人提供普通授权的品牌入驻平台开设的企业店铺，经营 1 个及以上品牌	入驻品牌应为已经注册的商标（R 状态），或申请时间满 6 个月无驳回复审的 TM 标	应为企业，个体工商户不得申请	低	自有品牌：品牌+一级类目（可选）；授权品牌：品牌+一级类目（可选）+企业店；无授权品牌：企业商号+企业店
个体店	以商标权利人提供普通授权的企业开设的企业店铺，经营 1 个及以上品牌	入驻品牌应为已经注册的商标（R 状态），或申请时间满 6 个月无驳回复审的 TM 标	应为个体工商户，不能为企业	低	自定义+个体店

注意，个体店、个体店的店铺名称同时需遵守以下规则。

（1）个体店的店铺名称不得使用"旗舰""专卖""专营""官方""直营""官字""官方认证""官方授权""特许经营""特约经销"或其他带有类似含义的内容。

（2）如店铺名称出现品牌（企业商号包含品牌且该品牌的权利人为商家店铺入驻主体的情况除外），需提供品牌授权。

（3）部分类目不允许出现部分品牌名。

对于旗舰店、专卖店和专营店来说，如果店铺同时经营多类目，则选择其中一个经营类目即可。另外，如果专卖店的企业商号与品牌名重复，则可命名为"品牌名＋企业商号（公司名称中任意字段）＋一级类目（可选）＋专卖店"。同时，专营店不得以"XX（品牌名）专营店"命名。图 7-17 所示为抖店的命名限制规则。

第三章 命名限制

3.1 店铺名称不得超过60个字符。

3.2 店铺名称中除空格、英文及"-"外不得出现异形符号（以平台公布的标准为准）。

3.3 店铺名称不得与已经开通的店铺名称重复，如两个店铺同时申请同一店铺名，则依照申请在先原则，未通过审批的店铺需更换其他店铺名并重新提交申请。

3.4 店铺名称一经提交不支持修改。

3.4 店铺名称不得带有电话号码、电子邮箱、网址、二维码、即时通讯工具或其他联系信息（如第三方平台等其他联系方式）。

3.5 店铺名称不得包含违法信息，包含但不限于：

• 有损于国家、社会公共利益，或有损民族尊严。

• 含有封建文化糟粕、有消极政治影响、违背少数民族习俗或有民族歧视的内容。

• 可能对公众造成欺骗或者误解，或引起社会公众不良心理反应等情况。

• 外国国家（地区）名称/国际组织名称。

• 政党名称、党政军机关名称、群众组织名称、社会团体名称及部队番号或国家领导人与老一辈革命家的名字。

• 有不文明/格调低级/庸俗等不雅词汇。

• 出现与平台相关的敏感或标志性信息。

• 未经授权的情况下，使用品牌名称、人名。

• 其他法律法规政法规规定禁止的。

3.6 店铺名称不得含有容易造成消费者混淆的信息，包括但不限于：

• 包含知名人士姓名、地名之品牌。

• 与知名品牌相同或近似的品牌。

• 与平台主要业务、类目名称相同或近似的品牌。

• 使用品牌的变形词或衍生词来描述商品的，包含但不限于谐别字、拼音、特殊符号等。

• 使用违反《广告法》禁止情形的名称。

• 使用促销相关名称，如满减、折扣、打折、满赠等。

图 7-17

官方旗舰店、旗舰店、专卖店、专营店必须且仅能绑定一个认证企业号（蓝 V 标识），同时店铺绑定的认证企业号命名需遵守以下规则。

（1）官方旗舰店：品牌名＋官方账号，与电商侧的店铺名称保持完全一致。

（2）旗舰店：品牌名＋一级类目（可选），与电商侧的店铺名称保持完全一致。注意，一级类目需要和电商侧一致，仅限店铺命名中加了一级类目的情况，且要一致。

（3）专卖店：与店铺名称保持完全一致。

（4）专营店：与店铺名称保持完全一致。

7.2.2 信息发布：商品信息的发布规范

抖店为了营造良好的平台生态秩序和购物氛围，根据相关的法律法规和规章制度制定了《商品信息发布规范》，从而给商家和用户带来更加优质的使用体验。《商品信息发布规范》对于商品信息的发布制定了明确的规则，具体包括商品类目、商品标题、商品主图、商品详情、商品价格、商品 SPU（standard product unit，标准化商品单元）/SKU（stock keeping unit，库存量单位）设置、商品品牌和商品保质期等内容。

（1）商品类目：根据商品实际属性，填写正确的商品类目。

（2）商品标题：标题字数需要控制在 16 ～ 60 个字符，1 个汉字占 2 个字符的空间，同时标题内容应包含商品的品牌、品名、基本属性（如材质、功能、特征）和规格参数（如型号、颜色、尺寸、用途、货号）等，不能出现其他与品牌或商品无关的信息，相关示例如图 7-18 所示。

图 7-18

（3）商品主图：第 1 张主图必须为商品主体正面实物图，其他辅图可以是商品的侧面、背面、平铺及细节等图，同时主图中除 logo 外不能出现其他的文字和水印，相关示例如图 7-19 所示。部分类目要求主图数量超过 3 张，而且不能包含完全一样的图片，具体以商品页面提示为准。

图 7-19

> **特别提醒** 　　不能将所有主图中的商品都采用相同的展示角度，而需要从多角度、多方位展示商品。同时，主图中体现的商品个数需要与销售单位完全一致，商品颜色、规格等也需要与文字介绍一致，其他与所售商品无关的商品和物体不能出现在主图上。

（4）商品详情：商品详情的内容需要保持完整性、一致性和真实性的原则。

❀　完整性：包含可明示商品主要信息的图文内容，同时需保证主要信息的真实、正确、完整、有效，如品牌介绍、商品名称、生产厂商、厂址、许可证编号、生产日期、规格、尺寸、重量、保质期、使用方法、商品细节、优势、注意事项等。

❀　一致性：对于商品的描述信息，需要保证相同要素在不同板块中的一致性，如商品标题、主图、推荐语、详情描述等。

❖ 真实性：商品的实际功效必须如实描述，不能进行虚假和夸大宣传。

（5）商品价格：需要合理设置商品价格，其实际价格不能虚标，且不能随意修改和在促销活动中虚假降价。

（6）商品 SPU/SKU 设置：商品 SPU 的基本组合形式为颜色、尺寸、系列等属性，相同 SPU 下不能出现跨品牌、类目或系列的其他无关联商品。对于套装类的商品，必须在 SKU 信息中清晰说明商品明细。如图 7-20 所示，某品牌的 9A 手机就是 SPU，是商品聚合信息的最小单位；"湖光绿 6+128GB"就是 SKU，是商品的不可再分的最小单元。

图 7-20

（7）商品品牌：旗舰店、专卖店、专营店等类型的店铺在上架商品时，必须提供相应的品牌资质，普通店铺在上架部分类目的商品时需要按照相关要求提供品牌资质。只要在店铺名称或商品详情页中出现品牌信息，就必须提供相应的品牌资质。

（8）商品保质期：必须提供正确的商品保质期信息，并要符合《商品保质期规范》的相关要求，如图 7-21 所示。

保质期	可销售的临期商品	不可销售临期商品
730天≤保质期	90天≤临近保质期＜150天	临近保质期 ＜90天
365天≤保质期＜730天	45天≤临近保质期＜90天	临近保质期 ＜45天
180天≤保质期＜365天	30天≤临近保质期＜60天	临近保质期 ＜30天
90天≤保质期＜180天	20天≤临近保质期＜1/3保质期（至多40天）	临近保质期 ＜20天
30天≤保质期＜90天	10天≤临近保质期＜1/3保质期（至多20天）	临近保质期 ＜10天
15天≤保质期＜30天	5天≤临近保质期＜1/2保质期（至多10天）	临近保质期 ＜5天
6天≤保质期＜15天	2天≤临近保质期＜1/2保质期（至多5天）	临近保质期 ＜2天
2天≤保质期＜6天	1天≤临近保质期＜2天	临近保质期 ＜1天

1.1 商家须遵守《商品信息发布规范》中的相关要求，同时在商品信息中如实描述商品的保质期；
1.2 对于临近保质期的商品，根据所剩余时间的长短，分为"可销售临期商品"和"不可销售临期商品"两个部分，是否可销售的标准如下：

- 可销售的临期商品：须在商品标题上写明"临期商品"字样，且必须在商品详情页面最上方显著标示"此商品为临近保质期商品"。

图 7-21

7.2.3　避免违规：了解商家行为管理规则

抖店平台针对所有的入驻商家推出了《商家违规行为管理规则》，作为对平台规则的有效补充，商家必须遵守国家法律、行政法规、部门规章、平台规则以及与平台签订的各项协议。《商家违规行为管理规则》的基本内容如图 7-22 所示。

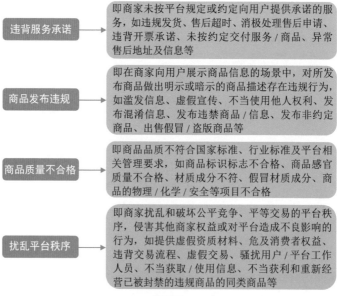

违背服务承诺	即商家未按平台规定或约定向用户提供承诺的服务，如违规发货、售后超时、消极处理售后申请、违背开票承诺、未按约定交付服务/商品、异常售后地址及信息等
商品发布违规	即在商家向用户展示商品信息的场景中，对所发布商品做出明示或暗示的商品描述存在违规行为，如滥发信息、虚假宣传、不当使用他人权利、发布混淆信息、发布违禁商品/信息、发布非约定商品、出售假冒/盗版商品等
商品质量不合格	即商品品质不符合国家标准、行业标准及平台相关管理要求，如商品标识标志不合格、商品感官质量不合格、材质成分不符、假冒材质成分、商品的物理/化学/安全等项目不合格
扰乱平台秩序	即商家扰乱和破坏公平竞争、平等交易的平台秩序，侵害其他商家权益或对平台造成不良影响的行为，如提供虚假资质材料、危及消费者权益、违背交易流程、虚假交易、骚扰用户/平台工作人员、不当获取/使用信息、不当获取和重新经营已被封禁的违规商品的同类商品等

图 7-22

商家一旦出现上述违规行为，将会被平台处罚，如公示警告、扣除违约金、限制店铺权限、扣除违规所得货款、清退店铺、处理关联店铺 / 账号、扣除信用分以及平台认为必要的其他处理措施。商家在运营抖店时，如果对于相关的规则不了解，那么在违规后只能是"徒增伤悲"，此时再痛哭流涕去求原谅也无济于事了。

7.3　店铺操作：提高抖店的运营效率

在运营抖店的过程中，商家可以通过相关的操作提高自身的运营效率，又好又快地完成运营工作。这一节，笔者就为大家介绍抖店运营中的一些常见操作。

7.3.1　店铺会员：引导用户入会

抖音电商上线了"店铺会员"功能，商家可以引导用户加入店铺会员，让营销内容更好地触达用户，从而有效地提升店铺的收益。当然，商家要想在抖音平台直接引导用户加入店铺会员，还需先在抖店后台开通会员功能。

具体来说，❶商家单击抖店后台左侧导航栏中的"人群触达"按钮，即可看到开通会员的相关信息；❷选中"我已阅读并同意《抖店会员通功能服务协议》"前方的复选框；❸单击"立即开通"按钮，如图 7-23 所示，即可开通会员功能。

7.3.2　店铺客服：提升用户购买欲

抖店的客服包括人工客服和机器人客服，相比于机器人客服，人工客服会更有温度，并且往往也更能提供用户需要的服务。在通过人工客服向用户提供服务时，商家可以通过一些技巧增加用户的购物欲望。例如，人工客服可以向用户发送优惠券，提升用户的消费意愿。需要说明的是，人工客服使用的子账号需要获得权限才能给用户发送优惠券。具体来说，商家可以通过如下操作让人工客服给用户发送优惠券。

图 7-23

Step 01 进入抖店后台"子账号管理"页面的"岗位管理"选项卡，单击对应子账号后方的"编辑"按钮，会弹出"编辑岗位"窗口。选中"营销工具"选项中"优惠券"前方的复选框，如图 7-24 所示。

Step 02 展开对话框中的"飞鸽客服"选项，❶选中"发送优惠券"前方的复选框；❷单击对话框下方的"保存"按钮，如图 7-25 所示，即可为对应子账号开通发送优惠券权限。

图 7-24

图 7-25

Step 03 执行操作后，使用对应子账号进入飞鸽客户端的聊天页面，
❶单击输入框中的 ▣ 图标，会弹出一个窗口；❷单击窗口中的"前往
商家后台创建更多优惠券＞"按钮，如图 7-26 所示。

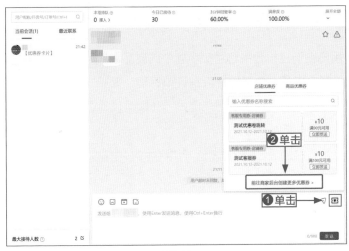

图 7-26

Step 04 执行操作后，进入抖店后台的"新建客服专享券"页面，如图 7-27
所示。商家只需根据提示在该页面中设置相关信息，并单击"提交"按钮，
即可完成客服专享券的创建。

图 7-27

Step 05 执行操作后，返回飞鸽客户端的聊天页面，此时单击输入框中的 ▣ 图标，即可在弹出的对话框中看到刚刚新建的客服专享券，单击该客服专享券中的"立即发送"按钮，即可将其发送给用户。

7.3.3　订单管理：提高发货的效率

　　用户在通过抖音平台购买小店中的商品之后，商家需要根据订单及时给用户发货。为了做好店铺订单管理，提高发货的效率，商家需要掌握一些订单管理的技巧。例如，商家可以通过如下操作进行批量发货，从而提高发货的效率。

Step 01 进入抖店后台，单击左侧导航栏中的"批量发货"按钮，进入"批量发货"页面。❶单击页面中的"下载模板"按钮，根据模板编辑订单信息；❷单击"立即上传"按钮，如图 7-28 所示，上传编写好的订单信息。

图 7-28

Step 02 执行操作后，页面左侧会显示上传的文件，同时页面右侧的"待发货"选项卡中会出现相关的订单信息。❶选中订单前方的复选框；❷单击页面下方的"批量发货"按钮，如图 7-29 所示。

Step 03 执行操作后，切换至"发货成功"选项卡，如果此时选项卡中显示对应订单的发货状态为"成功"，就说明批量发货操作成功了，如图 7-30 所示。

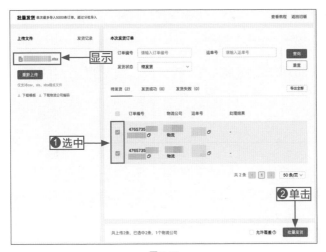

图 7-29

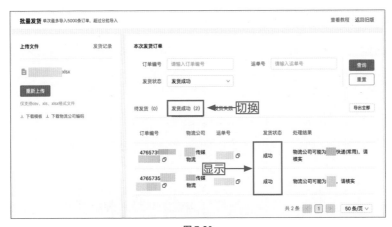

图 7-30

7.3.4 订阅设置：对消息进行筛选

在抖音小店的运营过程中，商家可能会接到各种各样的消息。为了提高消息的处理速度，商家可以进行订阅设置，对消息进行筛选，具体操作步骤如下。

Step 01 打开抖店 App，点击"消息"界面右上方的 ⚙ 图标，如图 7-31 所示。

Step 02 执行操作后，进入"系统消息"界面，点击该界面右上方的"订阅设置"按钮，如图 7-32 所示。

图 7-31　　　　　　　　　　　图 7-32

Step 03 执行操作后，进入"消息订阅设置"界面，系统会默认接收所有的消息，如图 7-33 所示，商家只需将不需要接收的消息类型关闭即可。

除了"消息"界面之外，商家还可以选择"我的"界面中的"消息订阅设置"选项，如图 7-34 所示，进入"消息订阅设置"界面筛选要接收的消息。

图 7-33　　　　　　　　　　　图 7-34

7.3.5 服务市场：合理利用平台资源

服务市场是抖店平台为商家提供的一个服务型平台，商家可以合理利用该平台的资源，提高自身的运营效率。例如，商家可以通过如下操作，免费使用服务市场中提供的客服机器人功能。

Step 01 进入"抖店｜服务市场"后台的"首页"页面，单击"运营与服务"板块中的"客服机器人"按钮，如图 7-35 所示。

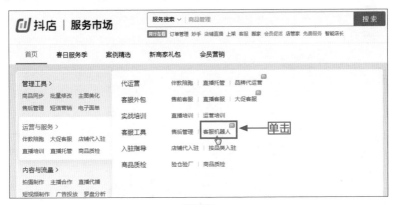

图 7-35

Step 02 执行操作后，系统会自动搜索客服机器人服务，选择搜索结果中的对应服务，如"飞鸽机器人"服务，如图 7-36 所示。

图 7-36

Step 03 执行操作后，进入"飞鸽机器人"服务的详情页面，❶选中"已阅读并同意协议《抖店服务市场用户交易服务协议》"前方的复选框；❷单击"立即使用"按钮，如图 7-37 所示。

图 7-37

Step 04 执行操作后，商家即可使用"飞鸽机器人"与用户进行在线沟通，以提高实时交流的效率。

 　除了本章介绍的一键上架服务和客服机器人之外，服务市场平台还为商家提供了大量运营类服务。有需要的商家可以从该平台查找相关服务，以更好、更快地提高自身的运营效率。

第8章

内容运营：
兴趣电商内容流
量运营逻辑

无论是抖店运营，还是抖音盒子账号运营，都必须重视内容的打造，优质的内容不仅能帮你获得很高的流量，还能将流量转化为销量。本章，笔者将从定位方法、视频拍摄、图文制作和直播打造等方面讲解兴趣电商内容流量的运营逻辑，帮助大家高效地打造优质内容。

8.1　定位方法：持续输出热门内容

做抖音盒子的运营，本质上还是做内容运营，很多运营者都是靠优质的内容实现快速涨粉和带货变现的。通过内容吸引的用户更加精准、更加靠谱。因此，内容是运营抖音盒子的核心所在，同时也是账号获得平台流量的核心因素，如果平台不推荐，那么你的商品流量就会寥寥无几，可能做一年也卖不了几单。

对于做抖音盒子来说，内容就是王道，而内容定位的关键就是用什么样的内容来吸引什么样的群体。本节将介绍抖音盒子的内容定位技巧，帮助运营者持续输出热门内容，并卖出更多的商品。

8.1.1　找准痛点：用内容吸引精准用户

在抖音盒子平台上，运营者不能简单地模仿跟拍热门视频，而必须找到能够带来精准用户群体的内容，从而帮助自己卖出更多的货，增加自身的运营收益，这就是内容定位的要点。

运营者必须要知道的是，自己的内容应始终围绕带货来设计，内容不仅可以直接决定账号的定位，而且还决定了账号的目标人群和变现能力。因此，做内容定位时，不仅要考虑引流涨粉的问题，同时还要考虑持续卖货变现的问题。

运营者在做内容定位的过程中，除了要掌握选择垂直细分领域的商品、做好用户定位这两大要素之外，还要清楚一个非常重要的因素——这个精准用户群体有哪些痛点、需求和问题。

1. 什么是用户痛点

痛点是指用户的核心需求，是运营者必须为用户解决的问题。具体来说，用户在做某件事的时候觉得非常不方便，甚至感到非常难办，做起来很痛苦，这就是用户的痛点。

例如，身材有些微胖的女性大多都有一个痛点，那就是很多裤子穿上去显得胯宽、腿粗。如图8-1所示，某运营者就在视频内容中为用户推荐了几款能够解决这个痛点的裤子。

图 8-1

对于用户的需求问题，运营者可以去做一些调研，最好是采用场景化的描述方法。怎么理解场景化的描述呢？就是具体的应用场景。痛点其实就是人们日常生活中的各种不便，运营者要善于发现用户的痛点，并帮助用户解决这些问题，对于抖音电商来说，这些都是蓝海市场。

2. 挖掘痛点的作用

找到目标用户的痛点，对于运营者而言，主要有两个方面的好处，具体如图 8-2 所示。

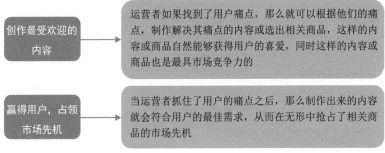

创作最受欢迎的内容	运营者如果找到了用户痛点，那么就可以根据他们的痛点，制作解决其痛点的内容或选出相关商品，这样的内容或商品自然能够获得用户的喜爱，同时这样的内容或商品也是最具市场竞争力的
赢得用户，占领市场先机	当运营者抓住了用户的痛点之后，那么制作出来的内容就会符合用户的最佳需求，从而在无形中抢占了相关商品的市场先机

图 8-2

3．如何挖掘用户痛点

确定为谁服务之后，我们要寻找用户的问题、痛点、需求。很多人说，我不知道用户的痛点、需求、问题怎么办？很简单，有一个方法就是通过用户的评论或商品评价发现用户痛点，如图 8-3 所示。

图 8-3

要想快速找到用户的痛点，还需要掌握以下两种方法，具体如图 8-4 所示。

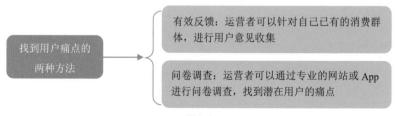

图 8-4

对于抖音盒子运营者或者商家来说，如果想打造爆款内容，就需要清楚自己的粉丝群体最想看的内容是什么，也就是抓住用户的痛点，然后就可以根据用户的痛点生产内容。

8.1.2　换位思考：站在用户的角度去思考

用户越缺什么就会越关注什么，而运营者只需要找到他们关注的那个点去制作内容，这样的内容就容易获得用户关注。例如，夏天身上容易出汗，所以有的男性可能就变成了"臭男人"，于是某运营者站在用户的角度制作内容，为这部分男性推荐了几款香水，如图 8-5 所示。

图 8-5

只要运营者敢于在内容上下功夫，根本不愁没有粉丝和销量。但如果运营者一味地在打广告上下功夫，则可能会被用户讨厌。

在一个短视频内容中，往往能戳中用户内心的点就那么几秒，也许这就是所谓的"一见钟情"吧。运营者要记住一点，那就是在抖音盒子上涨粉只是一种动力，能够让自己更有信心地在这个平台做下去，而真正能够给自己带来收益的是吸引到精准用户，让他们持续在店铺中消费。

不知道大家发现没有，在抖音盒子上有一类内容是用户特别喜欢的，那就是教学类、经验类、技巧类的内容。这种内容不仅很实用，而且变现也特别容易。简单来说，就是通过分享经验和技巧来吸粉，最终达到销售商品和变现的目的。如图 8-6 所示，该主播通过在直播间分享各种超酷女孩穿搭技巧，为店铺带来了很高的销量。

图 8-6

不管运营者从事什么行业，只要能够站在用户的角度去思考，去进行内容定位，将自己的行业经验分享给用户，那么这种内容的价值就非常大。很多人入驻抖音盒子的目的就是卖货，其实只要把自己的经验分享出来就可以了，吸引到的粉丝都是关注这个行业的目标用户，下单意向都比较强。

8.1.3 自我认知：根据自身特点输出内容

在抖音盒子平台输出内容是一件非常简单的事情，但是要想输出有价值的内容，获得用户的认可，这就有难度了。特别是如今抖音上的内容生产者多如牛毛，抖音电商已经成为一种新风口，越来越多的人参与其中，那么到底如何才能找到适合的内容去输出呢？怎样提升内容的价值呢？下面介绍具体的方法。

1. 选择合适的内容输出形式

当运营者在行业中积累了一定的经验，有了足够优质的内容之后，就可以输出这些内容。那么，以哪种形式输出内容呢？你可以以图文、短视频或直播等不同的形式输出合适的内容。

如果你擅长写，可以写商品文案，如图 8-7 所示；如果你的声音不错，可以通过音频输出内容；如果你的镜头感比较好，可以拍一些短视频内容；如果你的实时沟通能力比较强，则可以直接开直播输出内容。通过选择合适的内容输出形式，就可能使自己在比较短的时间内成为这个领域的佼佼者。

图 8-7

2. 持续输出有价值的内容

在互联网时代，内容的输出方式非常多，如图文、音频、视频、直播等，这些你都可以去尝试。对于持续输出有价值的内容，笔者有一些个人建议，如图 8-8 所示。如果运营者只创作内容，而不输出内容，那么这些内容就不会被人看到，也没有办法通过内容来影响别人的消费决策。

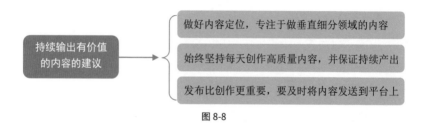

图 8-8

总之，运营者要根据自己的特点去生产和输出内容，最重要的一点就是要持续不断地输出内容。因为只有持续输出，才有可能建立自己的行业地位，成为所在领域的信息专家。

8.1.4 具体标准：了解内容定位的 6 个标准

在抖音电商变现的生产链上，对于内容创作者来说，其创作内容的最终目的是获得收益。内容创作者要想获得收益，就必须有用户购买，而用户要购买你带货的商品的前提是这个商品是他想要的。

对于抖音盒子的内容定位而言，内容最终是为用户服务的，要想让用户购买某个商品，这个商品就必须能够满足用户的需求。要做到这一点，运营者的内容定位还需要符合一定的标准，如图 8-9 所示。

在抖音盒子上发布内容时，尽量少发布广告视频，因为这样的账号很容易被系统判定为"种草"号或广告号，从而被平台限流。

对于抖音中的"大 V"来说，他们之所以能够获得大量用户的关注，就是因为用户可以从中获取想要的信息。因此，运营者在进行内容定位时，一定要保证推送的内容是有价值的，这样做会有以下两个方面的作用。

❖ 证明内容的专业性。

❖ 提升用户的关注度。

如果用户能够通过你发布的内容学到一些具有实用性和技巧性的生活常识，帮助他们有效解决平时遇到的一些疑问和难题，那么用户对你的依赖性就会越来越强。这也说明运营者在内容定位方面是专业的，其创作的内容也是能够接地气的，带来的是实实在在的经验积累。

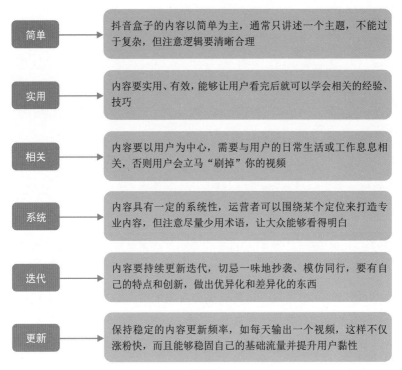

简单	抖音盒子的内容以简单为主，通常只讲述一个主题，不能过于复杂，但注意逻辑要清晰合理
实用	内容要实用、有效，能够让用户看完后就可以学会相关的经验、技巧
相关	内容要以用户为中心，需要与用户的日常生活或工作息息相关，否则用户会立马"刷掉"你的视频
系统	内容具有一定的系统性，运营者可以围绕某个定位来打造专业内容，但注意尽量少用术语，让大众能够看得明白
迭代	内容要持续更新迭代，切忌一味地抄袭、模仿同行，要有自己的特点和创新，做出优异化和差异化的东西
更新	保持稳定的内容更新频率，如每天输出一个视频，这样不仅涨粉快，而且能够稳固自己的基础流量并提升用户黏性

图 8-9

8.1.5　定位规则：保证内容的方向不出现偏差

抖音盒子平台上的大部分爆款内容都是经过运营者精心策划的。因为定位也是成就爆款内容的重要条件，所以运营者需要始终围绕定位来进行内容策划，以保证内容的方向不会产生偏差。

在进行内容定位规划时，运营者需要遵循以下几个规则。

（1）选题有创意。内容的选题尽量独特、有创意，同时要建立自己的选题库和标准的工作流程，这样不仅能够提高创作的效率，而且还可以刺激用户有持续观看的欲望。例如，运营者可以多收集一些热点并加入到选题库中，然后结合这些热点来创作内容。

（2）剧情有落差。如抖音盒子上的短视频通常需要在短短 15 秒内将大量的信息清晰地叙述出来，因此内容通常都比较紧凑。尽管如此，运营者还是要脑洞大开，在剧情上安排一些高低落差，来吸引用户的眼球。

（3）内容有价值。不管是哪种内容，都要尽量给用户带来价值，让用户值得为你付出时间成本，来看完你的内容。例如，做搞笑类的短视频，就需要给用户带来快乐；做美食类的视频，就需要让用户产生食欲，或者让他们有实践的想法。

（4）情感有对比。内容可以源于生活，采用一些简单的拍摄手法，来展现生活中的真情实感，同时加入一些情感的对比，这种内容更容易打动用户。

> **特别提醒**　在设计短视频内容的台词时，要有一定的共鸣性，能够触动用户的情感点，让他们愿意信任你和你推荐的商品。

（5）时间有把控。运营者需要合理地安排短视频的时间节奏，抖音默认的拍摄短视频的时长是 15 秒，这是因为这个时长的短视频是最受用户喜欢的，而短于 7 秒的短视频不会得到系统推荐，对于长于 30 秒的视频，用户很难坚持看完。

内容的定位和策划就好像写一篇作文，有主题思想，有开头、中间以及结尾，情节的设计就是丰富内容的组成部分，也可以看成小说中的情节设置。一篇成功的、吸引人的小说，必定少不了跌宕起伏的情节，抖音盒子的内容也是一样，因此在进行内容定位时要注意 3 个事项，具体如图 8-10 所示。

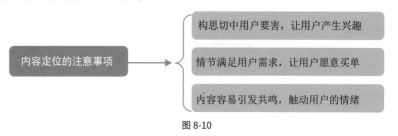

图 8-10

8.2　视频拍摄：抖音盒子的短视频怎么拍

在传统电商时代，用户通常只能通过图文信息了解商品详情，而如今视频已经成为商品的主要展示形式。因此，对于运营者来说，在抖音盒子平台带货之前，首先要拍一些好看的商品视频，画面要漂亮，更要真实，必须能够引起用户的购买兴趣，这就需要一定的方法了。

本节主要介绍不同类型商品视频的拍摄技巧，以及抖音盒子平台中热门品类内容的创作技法，帮助大家轻松做出爆款带货视频。

8.2.1　外观拍摄：重点展示商品的特别设计

在拍摄外观型（对外观要求较高）的商品视频时，要重点展现商品的外在造型、图案、颜色、结构、大小等外观特点，通过外观设计来吸引用户的目光，建议拍摄思路为"整体→局部→特写→特点→整体"。

例如下面这个音箱的"种草"短视频，先是展示商品的正面外观，然后在开启音响的同时，顺势展示了它的开关设计，接着呈现该音箱开启之后整体的外观显示效果，如图 8-11 所示。

图 8-11

特别提醒

如果拍摄外观型商品时有模特出境，可以增加一些商品的使用场景镜头，展示商品的使用效果。需要注意的是，商品的使用场景一定要真实，很多用户都是"身经百战"的网购达人，什么是真的，什么是假的，他们一眼就能分辨出来，而且这些人往往都是长期的消费群体，运营者一定要把握住这群人，尽量不要通过后期处理加入一些不真实的内容。

8.2.2 呈现效果：围绕商品的功能进行拍摄

功能型商品通常具有一种或多种功能，能够解决人们生活中遇到的难题，因此拍摄商品视频时应将重点放在功能和特点的展示上，建议拍摄思路为"整体外观→局部细节→核心功能→使用场景"。

例如下面这个剃须刀的"种草"短视频，先拍摄剃须刀的整体外观，然后拍摄局部的细节和材质，接着通过多个分镜头演示它的使用效果，如图 8-12 所示，看到这个视频之后，用户就能很直观地了解这款剃须刀的使用效果。

图 8-12

特别提醒

如果拍摄功能型商品时有模特出境，同样也可以添加一些商品的使用场景。另外，对于有条件的运营者来说，也可以通过自建美工团队或外包形式来制作 3D 动画类型的功能型商品视频，以更加直观地展示商品的功能。

8.2.3　综合展示：全面展示商品的外观和功能

综合型商品是指兼外观和功能特色于一体的商品，在拍摄这类商品时需要兼顾两者的特点，既要拍摄商品的外观细节，同时也要拍摄其功能特点，并且还需要贴合商品的使用场景来充分展示其使用效果。如果是生活中经常用到的商品，则最好选择生活场景作为拍摄环境，这样容易使用户产生共鸣。

例如，手机就是一种典型的综合型商品，不仅外观非常重要，丰富的功能也是吸引用户的一大卖点。图 8-13 所示为某款手机的营销短视频，该短视频先是对这款手机的外观设计进行了讲解和展示，然后对其长焦拍摄功能进行了实测，让用户对该手机有更深入的了解。

图 8-13

8.2.4　穿搭视频：展示商品良好的上身效果

穿搭可以说是抖音盒子平台的第一品类，而且还是人们的生活必需品，在衣食住行里排列第一。服装除了其保暖功能之外，现在已经上升到另一个更高的境界：服饰可以代表一个人的形象。

　　越来越多的人开始重视服装的合适、得体、美观、时尚，但是挑选衣服并不是一件简单的事情，它不仅仅需要花费时间，还要考虑各种特殊情况。这种用户痛点为抖音盒子的运营者带来了很多销售机会。那么，穿搭类的短视频该如何创作呢？下面总结了 3 大要点，分别为强烈的个人风格、实用的价值、追寻时下热点。

1. 强烈的个人风格

　　运营者可以通过突出强烈的个人风格，让用户第一时间记住你。在抖音盒子中，经常可以看到街头、复古、Y2K、机能、日潮、国风等具有强烈个人风格的"种草"视频，能让用户更快地找到自己喜欢的商品，如图 8-14 所示。

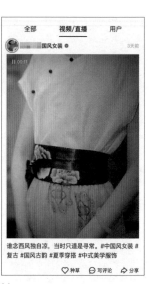

图 8-14

　　特别提醒　Y2K 中的 Y 代表 Year，2K 即 2000，这个名字源自一种名为"千年虫"的计算机病毒。Y2K 风格主要是以科技感、配色鲜艳、立体感为设计核心，具有独特的迷幻、复古与未来感；机能风来源于"赛博朋克"，最初是为运动、户外探险、户外作业等需求而设计的服装，最大的特点在于面料和功能性设计。

运营者可以根据自己的风格来创建品牌的风格。创建个人品牌并没有想象中的那么遥不可及，市面上随处都可以看到新品牌的诞生，一个品牌最重要的就是寻找到属于自己的独特的风格，并与其他品牌区分开来。

2. 实用的价值

运营者若能多做一些实用性的视频内容，往往更容易获得用户的点赞和互动。例如，对于穿搭展示的视频内容，建议运营者在视频中增加口播或文字，将搭配的要点和适用的场景告诉用户，或者把品牌或店铺罗列出来，便于用户下单。

对于潮品推荐类的内容，则建议运营者对单品进行详细介绍，或者对同类单品进行对比测评，给出选购建议，带货效果通常会更好。

3. 追寻时下热点

潮流和趋势是并行的，流行趋势可以随季节、节日等变化，如新年穿搭，或者提前预告春夏流行色搭配，或者市面上的新品、联名款、限定款等。运营者要时刻保持敏锐的时尚嗅觉，这样可以让你先人一步做出爆款内容。

8.2.5　美妆视频：让用户看到商品的使用效果

根据字节跳动旗下的巨量星图提供的数据显示，无论是接单总金额还是接单数量，美妆达人号都是遥遥领先于其他领域的，因此美妆在短视频领域的地位不容忽视。下面介绍一些美妆型视频内容的创作技法。

1. 真实有趣的人设

在抖音盒子平台上，用户可以看到各类妆容教程、护肤心得、好物分享等内容，平台上的美妆短视频达人阵容正在快速增长。在整个抖音电商体系中，美妆是一个相对成熟的品类，运营者想要脱颖而出必须要有人设。

建议运营者将真实的自己呈现给用户，用你觉得舒服的方式和节奏与用户交流。很多时候，在视频中呈现出一个真实有趣的人设，对于用户来说会更有记忆点。

2．真诚地分享知识

各种美妆知识很容易吸引用户的关注，其视频内容大致可以分为以下几类。

（1）好物分享。抖音盒子平台鼓励详细介绍单品的内容，运营者可以一次介绍多款商品，同时展示亲身试用的效果，这种内容对和运营者有相同肤质的用户会更有参考价值。

（2）妆容教程。运营者可以将妆容教程视频中用到的单品都罗列出来，如果是仿妆或变妆等内容，则最好保留化妆的整个过程。

（3）护肤攻略。运营者既可以从专业的角度分析，也可以从个人角度谈谈自己的护肤心得，为用户带来有用的护肤建议。

3．紧跟时尚潮流趋势

流行妆容、美妆好物是时刻变化的，运营者必须发掘出热门妆容，紧跟护肤趋势，要做到这一点，建议运营者时刻关注各种明星造型和新品上市信息，抢得市场先机。

8.3　图文制作：抖音盒子的图文内容怎么做

在传统电商时代，用户通常只能通过图文信息了解商品详情，目前这仍然是淘宝等平台商品的主要展示形式。因此，对于抖音盒子的运营者来说，在进行图文内容"种草"之前，首先要拍一些好看的照片。照片要漂亮，更要真实，必须能够激发用户的购买兴趣，这就需要一定的方法了。本节主要介绍商品照片的拍摄方法，包括布光、构图与拍摄技巧等，帮助大家轻松拍出爆款商品照片。

8.3.1　图片布光：拍出清晰好看的画面效果

要拍出好看的商品照片，布光相当重要，好的布光可以让画面更清晰，同时突出商品主体。下面介绍一些简单好用的布光技巧，帮助运营者快速拍出专业的照片效果。

1．拍摄吸光体商品照片

例如，衣服、食品、水果和木制品等商品大都是吸光体，比较明显的特点就是它们的表面粗糙不光滑，颜色非常稳定和统一，视觉层次感比较强。因此，在拍摄这类型的商品照片时，通常以侧光或者斜侧光的布光形式为主，光源最好采用较硬的直射光，这样能够更好地体现商品原本的色彩和层次感。

2．拍摄反光体商品照片

反光体商品与吸光体商品刚好相反，它们的表面通常都比较光滑，因此具有非常强的反光能力，如金属材质的商品、没有花纹的瓷器、塑料制品以及玻璃商品等。

在拍摄反光体商品照片时，需要注意商品上的光斑或黑斑，可以利用反光板照明，或者采用大面积的灯箱光源照射，尽可能让商品表面的光线更加均匀，保持色彩渐变的统一性，使其看上去更加真实。

3．拍摄透明体商品照片

如透明的玻璃和塑料等材质的商品，都是透明体商品。在拍摄这类型商品照片时，可以采用高调或者低调的布光方法。

（1）高调：即使用白色的背景，同时使用背光拍摄，这样商品的表面看上去会显得更加简洁、干净。

（2）低调：即使用黑色的背景，同时可以用柔光箱从商品两侧或顶部打光，或者在两侧安放反光板，勾出商品的线条效果。

8.3.2　构图选择：让画面更有冲击力和美感

拍摄抖音盒子店铺中的商品，需要对画面中的主体进行恰当的摆放，使画面看上去更有冲击力和美感，这就是构图。在拍摄商品照片的过程中，也需要对摄影主体进行适当构图，遵循构图原则，才能让拍摄的照片更加富有艺术感和美感，从而增强对用户的吸引力。

视觉构图的应用范围很广，但其目的只有一个，就是打造一个协调好看的画面，引起人们的注意。在设计商品的创意主图或详情页图片时，道理也是如此，下面介绍两个合理构图的原则。

（1）画质清晰，主体突出。在商品照片中，商品的主体部分必须清晰，同时占比一定要高，要能够让用户一眼便看出来你卖的是什么。

（2）差异表达，不拘一格。运营者可以寻找商品的差异化卖点，从构图、色彩和角度3个方面进行差异化设计，提高商品主图的点击率。例如，商家可以采用对比构图（包括大小对比、远近对比、局部和整体对比、正面和反面对比等多种形式）的方式，更好地突出商品的差异化特色。

好的商品照片构图方式，能够让画面更加出彩，也能让推广效果事半功倍，比较常用的构图方式有左右构图、上下构图、对角线构图以及中心构图等。例如，对于服装的摆拍图来说，中心构图就是一种不错的构图方式，可以在商品四边做留白处理，让画面看上去更加简洁明了，使用户的眼球快速聚焦在商品上，如图8-15所示。

图 8-15

8.3.3　拍摄技巧：提升商品图片的视觉效果

要拍出清晰的商品照片，首先必须找到一个适合拍摄的环境，再根据环境准备摄影设备。在拍摄过程中，拍摄者可以运用三脚架或一些支撑相机的支撑点来稳固相机，防止拍摄时设备抖动，导致拍出来的照片模糊。同时，还需要掌握一定的商品摆放与拍摄技法，才能拍出好看的商品照片。下面，笔者就为大家介绍图片拍摄的几个常见技巧。

1．摆放要合理

拍摄商品时，商品的摆放是非常重要的，不同的造型和摆放方式可以带来不同的视觉效果。

1）商品的摆放角度

由于用户在观看商品时，通常会习惯从上往下看，因此商品的摆放角度要尽可能低一些，让用户看着更轻松舒适。在拍摄较长的商品时，可以斜着摆放，这样不仅可以减少画面的视觉压迫感，同时还可以更好地展现商品主体。

2）商品的造型设计

在摆放较为柔软的商品时，运营者还可以对其外形进行二次设计，增加画面的美感。例如，将腰带卷起来摆放，不但可以兼顾腰带的头尾，而且还可以使腰带显得更加自然。

3）商品的组合摆放

在拍摄不同颜色的商品组合时，需要注意摆放规则，不能胡乱摆放，影响画面的美观度，导致用户难以看出商品特色。在摆放组合商品时，要符合商品的造型美感，让画面显得有秩序，可以采用疏密相间、堆叠、斜线、V 形、S 形或者交叉等摆放方式，让画面看上去更加丰富和饱满，同时还可以展现出一定的韵律感。

例如，在拍摄美食商品时，采用堆叠的摆放方式，形成一个特殊的造型，同时从不同角度来展现美食的细节，比拍单个商品更有表现力。

4）商品的环境搭配

正所谓"红花还需绿叶配"，在摆放商品时，运营者还需要对环境进行一些适当的设计，为商品添加一些装饰物来进行搭配，可以让商品显得更加精致。例如，使用色调统一的树枝来搭配电煮锅，画面的色彩会显得非常舒适。

5）摆放要突出主题

主题就是运营者在照片中要体现的商品主体和要表达的商品信息。要在图片中更好地突出主题，需要掌握一定的陈列摆放技巧，不要期待让用户自己去发现你的主题。如图 8-16 所示，画面中只有一双鞋，背景非常简洁，因此用户可以一眼看到你要表达的东西，主题非常突出。

图 8-16

2. 多拍细节图

在抖音盒子的店铺中，每个商品都有它自己独特的质感和表面细节，在拍摄的照片上成功地表现出这种质感细节，可以大大增强照片的吸引力。

运营者可以换位思考，将自己比作用户，在买一件心仪的物品时，肯定会在商品详情页面反复浏览，查看商品的细节，与同类型的商品进行对比。因此，商品细节图是决定用户下单的重要驱动，运营者必须将商品的每一个细节部位都拍摄清楚，打消用户的疑虑。

特别提醒　当然，不排除也有很多马虎的用户，他们也许不会仔细看商品的细节特点，只是简单地看一下价格和基本功能，觉得合适就马上下单。对于这些用户，运营者可以将商品最重要的特点和功能拍摄下来，在主图或详情页面展现出来，让他们快速看到商品的这些优势，可以快速促进成交。

3．真实感要强

商品图片一定要有真实感，如果看起来很假，用户可能看到之后就完全没有购买兴趣了。抖音盒子的商品照片必须符合用户的视觉习惯，因此拍摄前一定要做相关的消费人群调研，他们喜欢什么样的风格，我们就拍摄什么风格的照片，或者做相关的后期处理。同时，如果是服装类和鞋类商品，最好使用模特拍摄，这样更有真实感，可以给用户一个良好的购物体验，如图 8-17 所示。

图 8-17

8.4　直播打造：抖音盒子的直播内容怎么做

很多运营者的主要带货方式就是直播带货，因此直播内容会直接影响自身的带货收益。那么，这部分运营者要如何进行直播内容的打造呢？这一节，笔者就为大家介绍几种常用的方法。

8.4.1　符合定位：根据账号方向策划内容

根据账号方向策划内容是直播内容打造的常见方法之一，它是指从账号的定位出发，结合定位来做直播内容。这种直播内容打造方法的主要优势就在于，内容与账号定位是一致的，因此账号的粉丝基本都是直播商品的精准用户，所以商品通常更容易被粉丝接受。

例如，某抖音盒子账号定位为女装穿搭分享，所以该账号的直播内容大多都是为用户推荐各种女装。图 8-18 所示就是根据账号方向来打造的直播内容。

图 8-18

8.4.2 目的导向：根据直播目的策划内容

不同的运营者可能有不同的直播目的，有的运营者可能是希望通过直播获取更多的流量，从而为之后持续带货积累粉丝；有的运营者则可能是希望通过直播展示，增加用户对商品的了解，从而让更多用户购买相关的商品。

对此，运营者可以根据自身的目的策划直播的内容。如果运营者想获得更多的流量，那么可以重点打造一些吸睛的内容，用低价销售商品来吸引更多用户的目光；如果运营者的目的是增加相关商品的销量，则可以围绕商品来打造内容，如提炼商品的卖点、设计商品的展示方法等。

8.4.3 紧跟热门：根据内容热度策划直播

抖音盒子平台会根据用户的关注度出现一些热门内容，运营者在打造直播时可以选择与自身相关的热点来策划内容。这样，直播内容会受到更多用户的关注，而直播间的商品销量自然就更有保障了。

例如，夏天很多人担心会被晒黑，所以关于防晒的内容受到了很多用户的关注。于是，某运营者打造了一场"品牌防晒日"直播，该直播重点为用户分享了几种用于防晒的护肤品，如图 8-19 所示，这就是根据内容热度策划直播。

图 8-19

第章

流量运营：
流量精准就意
味着转化更高

在做流量运营的过程中，精准度非常关键。通常来说，流量的精准度越高，商品的转化率也会越高。本章，笔者就为大家讲解流量运营的相关知识，帮助大家掌握精准流量的获取方法和技巧。

9.1　常见误区：不正确的流量观念

在做流量运营的过程中，部分运营者对流量的认知不正确，陷入了一些误区。这一节，笔者就为大家介绍流量运营的常见误区，帮助大家树立正确的流量观念。

9.1.1　多做无益：流量都是平台自动推送的

部分运营者认为流量都是平台自动推送的，自己只要将内容发布到平台上就可以了，其他的不用管，也管不了。这种观念是有失偏颇的，流量既有平台推送的，也有通过文案编写、营销推广获得的。

例如，当用户通过搜索查找内容时，如果短视频文案中包含了搜索关键词，那么短视频便有可能会获得更多的流量。也就是说，只要运营者找准了关键词，便能让更多人看到你的短视频，很显然在这种情况下，运营者在关键词上花的功夫越多，获得的流量可能就越多。并且，此时的流量来自于用户的搜索，而非平台的自动推送。

9.1.2　必须用钱：要获得更多的流量就得花钱

可能有的运营者觉得要想让自己发布的内容获得更多的流量，就必须要通过花钱来做推广，这种观念有些以偏概全。虽然有的营销推广需要花费一些资金，但是也有不需要花钱的。例如，添加话题吸引更多精准流量就是不需要花钱的（笔者将在9.3.3节介绍具体操作技巧，这里就不再赘述了）。

9.1.3　不做推广：只要内容好流量自然就会多

有的运营者认为"酒香不怕巷子深"，只要自己的内容足够好，那么便可以获得大量的流量。这种观念的错误之处就在于缺乏对市场的正确认知。毫无疑问，内容好更容易获得流量，但是抖音盒子平台上好的内容非常多，如果不做必要的推广，很多用户可能无法看到你的内容，此时你的内容获得的流量也将大打折扣。

9.1.4　认知错误：流量与收益没有直接的关系

有的运营者觉得流量是流量，收益是收益，两者没有直接的关系，这种观念很显然是错误的。以短视频为例，一个短视频获得的流量越多，运营者获得的带货收益通常也越多。

图 9-1 所示为给微胖身材的用户推荐的两条短视频。可以看到，左侧这条短视频的点赞超过了 300 个，评论超过了 50 个；而右侧这条短视频的点赞和评论都只有 1 个。这两条短视频中哪一条获得的带货收益更多一些呢？答案是显而易见的。

图 9-1

9.2　自然流量：利用搜索功能引流

在抖音盒子平台上，由于用户有着非常明确的交易属性，因此搜索流量是非常精准、优质的被动流量，而且其转化率甚至不亚于短视频的流量。只要运营者的短视频文案或商品标题与用户搜索的关键字相匹配，就有机会获得展现并带来流量和转化。本节主要介绍提升搜索流量的相关技巧，帮助运营者使用抖音盒子快速打造爆款、提升口碑、引爆流量以及做成品牌。

9.2.1　引流前提：提升流量的精准性

对于电商行业来说，流量的重要性显然是不言而喻的，很多商家都在利用各种各样的方法为店铺和产品引流，目的就是希望能够提升产品销量，打造爆款。流量的提升说难不难，说容易也不容易，关键是看你怎么做，舍得花钱的可以采用付费渠道来引流，规模小的店铺则可以充分利用免费流量提升产品的曝光量。

这一点在抖音盒子平台上也是一样的，运营者所做的图文、短视频或直播内容，都要围绕能够直接"种草"或引流到直播间，并为最终 GMV（gross merchandise volume，商品交易总额）转化而服务。也就是说，流量一定要精准。

例如，很多运营者会拍摄段子内容，然后在剧情中植入商品。拍段子相对来说比较容易吸引用户关注，也容易产生爆款内容，能够有效触达更多的用户，但获得的往往是"泛流量"，用户关注更多的是内容，而不是商品。很多运营者把内容做得非常好，但转化效果却很差，通常就是流量不精准造成的。

当然，并不是说这种流量一无是处，有流量自然要好过没有流量，但运营者更应该注重流量的精准度。如果一定要拍段子，那么就要注意场景的代入，在段子中突出产品的需求场景及使用场景，这样的内容会更符合抖音盒子的算法机制，从而获得更多的曝光量。

9.2.2　调整排序：搜索流量的排名规则

搜索优化是每个电商运营者必须知道的技术，目的就是让更多的人知道或者看到自己店铺内的商品。在抖音盒子 App 的"首页"界面上方可以看到一个"搜索潮流好物"的搜索框，如在其中输入关键词"女装"，下面就会自动弹出"女装"的关键词信息，如"女装连衣裙""女装套装""女装上衣"等，如图 9-2 所示。

　　在搜索结果中，系统会根据店铺好评率、产品销量等维度进行综合排序，将热卖商品排在前面，如图 9-3 所示。抖音盒子通过完善搜索功能，不仅可以让流量的分配变得更加均衡，而且还能够降低对平台算法机制的依赖，同时也从侧面证明了平台上商品种类的丰富性，已经达到了满足用户搜索商品并下单的需求。

图 9-2　　　　　　　　　　　　　　　图 9-3

　　抖音盒子的自然搜索流量排名规则主要包括综合、销量和价格等排序方式，同时还可以搜索相关的视频 / 直播内容和用户账号，下面分别进行介绍。

1. 综合排序

　　综合排序主要是根据运营者的商品在一段时间内产生的销量、价格、质量、售后和商品评分等条件，进行综合评分来排名并更新的。例如，在搜索"男装"关键词后，系统默认以综合排序方式排列所有商品，如图 9-4 所示。

　　运营者可以通过提高商品质量分，或者利用推广工具提升商品的基础数据，来提升综合排序的自然搜索排名。

2．销量排序

销量排序主要根据商品近期的销量数据进行排名，并采用个性化的展示逻辑。采用销量排序模式时，排名靠前的商品基本都是销量上万的商品，如图 9-5 所示。

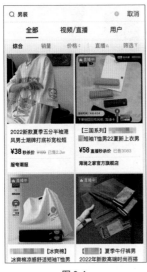

图 9-4

图 9-5

不过，细心的运营者可能会发现，很多商品销量明明比较低，却也能够排在搜索结果中靠前的位置。这是因为销量排序依据的是商品近一段时间的销量，而搜索结果界面展现的是商品的所有销量，所以只要做好近期的销量，即可获得更好的销量排名。

3．价格排序

价格排序主要根据商品价格从高到低或者从低到高来进行排序，并采用个性化的展示逻辑，如图 9-6 所示。运营者可以通过提高商品质量分，或者利用付费推广和营销活动等方式提升商品权重，来获得更好的价格排名。

4．视频 / 直播搜索

视频 / 直播的搜索结果采用的是信息流的展现模式，展现所有与搜索关键词相关的视频和直播内容，如图 9-7 所示。视频 / 直播搜索的主要依据包括视频标题文案、话题、达人名字和店铺名称等。

图 9-6

图 9-7

即使是新开通的抖店，只要运营者利用好短视频和直播等带货内容，也可以在抖音盒子平台获得较高的搜索权重。

5. 用户搜索

点击"用户"按钮，可以搜索到所有与关键词相关的运营者账号。在"用户"搜索结果页面中，只要运营者的名字中包含了用户搜索的关键词，即可被用户搜索到，同时还可以被直接订阅。

9.2.3　排名原理：搜索流量的构成模型

搜索流量主要来自抖音盒子 App 的搜索入口，自然搜索流量是免费的流量，而且它引来的流量非常精准，能够有效提高商品的转化率。例如，某用户在抖音盒子上搜索"男装"时，他在搜索结果中找到并点击了你的店铺商品，而你却没有做任何宣传广告，这就是免费的自然搜索流量。

搜索排名受到诸多因素的影响，具体包括商品标题、关键词适配度、上架时间、点击率、转化率、产品类目、销量、客单价、售后服务、质量评分和商品评价等，而且这些因素对于搜索排名的影响作用也有大有小，同时搜索结果还会遵循个性化的展示逻辑。

对搜索排名影响最大的元素就是标题，包括商品、短视频和直播间的标题。做过其他电商平台的运营者都知道商品标题的重要性，但至于为什么要设计好标题，标题到底有什么作用，大家可能都是一知半解。

特别提醒

商品的标题设计有以下两个原则。

效果：获得的搜索词组合越多越好，同时搜索人气越高越好。

前提：标题中的关键词与产品高度相关，不要顾虑这些词的竞争度。

运营者在设计内容或商品标题时，可以采用包含性规则，也就是说要判断出标题中是否必须包含某个关键词，才能被用户搜到。例如，"运动服饰男"这个关键词，如果在标题中不体现"服饰"这个词，能不能被用户搜索出来呢？如图 9-8 所示。

图 9-8

从图 9-8 可以看到，搜索"运动服饰男"这个关键词时，在一些商品标题中，部分词并没有完全连在一起出现，因此说明这个关键词是可以拆分的，如"运动""服饰"和"男"都是可以分开的。

因此，运营者只要在对应类目中找到符合商品属性的关键词，然后经过拆分、组合形成标题即可。也就是说，标题经过拆分、组合可以形成更多的词组。因此，在设计商品标题的时候，运营者不要只按照常规顺序来选词，而要分析更多潜在的关键词组合，否则会错过很多搜索流量。

搜索流量的基本公式为"搜索流量＝搜索展现量 × 搜索点击率"。其中，搜索展现量是由平台决定的，而搜索点击率则是由用户决定的。对于这两个指标，运营者都可以进行优化调整，来提升搜索流量。在抖音盒子平台上，要想使商品获得更多的展现量和流量，还必须了解搜索流量的构成模型，如图 9-9 所示。

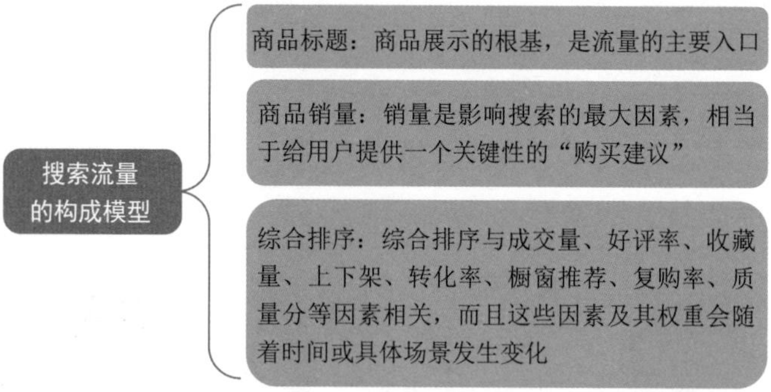

图 9-9

当用户搜索一个关键词的时候，抖音盒子的搜索机制就会在后台筛选相关的商品，最终选择 SEO（search engine optimization，搜索引擎优化）做得好的商品并将其展示在前面。如果运营者在发布商品时，类目属性放错了，或商品的标题不够准确，或店铺的相关性不够高，则商品就会被搜索引擎筛选掉，这是抖音盒子 SEO 精准性"小而美"的体现，也是所有运营者需要注意的地方。搜索优化的关键指标如图 9-10 所示。

点击量：点击量基数越大，质量分越高，搜索权重就越高，排名也就越靠前

搜索优化的关键指标

点击率：需细心优化，证明这个商品是受大家喜爱的，才能获得系统更多的流量扶持

转化率：提升用户体验，满足他们的消费习惯和需求，让店铺实现长期盈利

图 9-10

在使用同等的推广费用下，商品的点击率越高，则获得的点击量就会越大，平均点击扣费（获客成本）则相对来说就会越低，即商家的盈利也就会越多。

搜索排名的匹配是由商品标签（所在类目、属性、标题关键字）和用户标签共同决定的。其中，用户标签的组成部分如下。

❖ 用户基本属性：用户在注册平台账号时设置的基本资料，如年龄、地区、性别等，会形成部分基本标签。不过，用户可能会随时修改这些资料，因此这种标签的稳定性比较差。

❖ 用户行为标签：由用户浏览、加购、购买某个商品的记录形成的用户行为标签，这种老客标签对于搜索结果的影响非常大。

如果运营者无法在短期内快速拉新，不妨回头看看自己的老客，这些老客的作用是新客无法替代的。维护老客不仅可以帮助运营者减少广告支出、沟通成本和服务成本，还能获得相对稳定的销量。运营者在打造爆款产品时，可以转换一下思路，利用用户标签来吸引和维护店铺的老客，让店铺的生意更长久、更火爆。

同时，搜索引擎会计算出商品的综合分数，综合分数越高，在综合排序中排在前端的时间就越长。最后，系统会按照所有商品各自获得的综合分数来排序，将其一个个排列在搜索结果页面中，等待用户选择和点击。当然，如果店铺还没有老客，则运营者可以根据产品的

人群定位选择精准的关键词作为引导标签，并通过优化商品"内功"，来给商品打上精准的用户标签。

9.2.4 排名优化：搜索关键词的布局

关键词的英文是 keywords，指的是用户在搜索时键入的能够表达用户个体需求的词汇。关键词在抖音盒子平台上起到用户索引和匹配商品 / 内容的作用。系统通过搜索识别商品或内容标题，将标题拆分成词根，进行检索匹配。图 9-11 所示为关键词的排序规则。

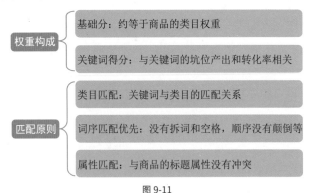

图 9-11

关键词匹配的 4 大逻辑如图 9-12 所示。运营者在设置商品标题的关键词时，注意要采用热词优先的基本原则，即根据后台的数据，先布局热搜词和热搜词的下拉词来作为标题。同时，运营者在设计标题时还需要注意设置合理的词序。

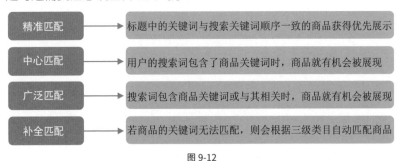

图 9-12

从属性来看，关键词可以分为物理属性关键词和抽象属性关键词。

❖ 物理属性关键词：从商品的图片上就可以看出来的关键词。例如，"黑色""男士""休闲裤"这些词都属于物理属性关键词，如图 9-13 所示。

❖ 抽象属性关键词：是指概念和人群需求比较模糊，难以界定属性的产品关键词。如图 9-14 所示，标题中的"2022 年新款"通过图片并不能很好地进行判断和界定，因此这个关键词就是抽象属性关键词。

图 9-13

图 9-14

用户在抖音盒子平台搜索某个商品关键词时，在众多的商品中，系统有一个搜索排名规则，搜索排名越靠前的商品，在展现页面的位置也会相对应靠前。其中，这个搜索排名就是靠关键词权重来衡量的。自然搜索流量可以为店铺带来最精准的访客，转化和销量自然也会更好。

关键词的选择精髓在于两个字——"加减"，运营者需要不断地通过数据的反馈来增加关键词或者删除关键词。选择关键词的相关技巧如下。

（1）关键词的数量足够多。在商品标题中，精准关键词的数量越多，获得的曝光量自然会越大。

（2）关键词的搜索热度高。搜索热度是指关键词搜索次数，数值越大，代表搜索次数越多。搜索热度低的关键词说明其搜索人气也非常低，搜索该关键词的用户群体自然也会很小，从而影响关键词的整体曝光量。

（3）选取的关键词要足够精准。如果运营者选择的关键词与商品属性相差比较大，或者毫无关系，也会影响商品的整体曝光量。

9.3　掌握技巧：找到合适的引流方法

在运营抖音盒子账号的过程中，运营者有必要掌握一些引流方法，这不仅可以提高内容的曝光量，还可以有效地提高自身的收益。这一节，笔者就为大家介绍几种常见的引流方法，大家可以从中选择适合自己的方法。

9.3.1　红包引流：增加用户的停留时间

红包引流就是通过发送红包来吸引用户的关注，让用户看到红包之后，在直播间停留更长的时间。具体来说，运营者可以通过如下操作在直播间发送红包，增加用户的停留时长。

Step 01 进入抖音盒子的直播界面，点击界面下方的 ••• 图标，如图 9-15 所示。

Step 02 执行操作后，会弹出"更多"对话框，点击对话框中的"礼物"按钮，如图 9-16 所示。

Step 03 执行操作后，会弹出"礼物"对话框，选择对话框中的"红包"选项，如图 9-17 所示。

Step 04 执行操作后，❶选择红包的种类；❷选中红包可领取时间前方的复选框；❸点击"发红包"按钮，如图 9-18 所示。

Step 05 执行操作后，直播间会出现 图标，并且会显示可抢红包的倒计时，如图 9-19 所示。

图 9-15　　　　　　　　　　　　图 9-16

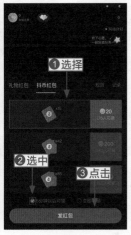

图 9-17　　　　　　　　图 9-18　　　　　　　　图 9-19

　　需要特别说明的是，无论发送哪种红包都需要支付一定的抖币（在抖音盒子平台流通的虚拟货币），而抖币又是需要用钱购买的。所以，发红包是需要付出一些成本的，如果运营者用于营销推广的资金比较有限，那么为了控制成本，需要适当控制发红包的频率。

9.3.2　福袋引流：引导用户分享直播间

　　福袋中包含了直播礼物或抖币，所以一部分用户看到福袋之后，都会选择参与福袋活动。另外，运营者还可以设置福袋的参与方式，引导用户分享直播间，从而达到引流的目的，具体操作步骤如下。

Step 01　进入抖音盒子的直播界面，点击界面下方的图标，如图 9-20所示。

Step 02　执行操作后，会弹出"互动玩法"对话框，点击对话框中的"福袋"按钮，如图 9-21 所示。

图 9-20

图 9-21

Step 03　执行操作后，会弹出"抖币福袋"对话框，点击"参与方式"后方的"请选择"按钮，如图 9-22 所示。

Step 04　执行操作后，❶选择"分享直播间参与"选项；❷点击"确定"按钮，如图 9-23 所示。

Step 05　执行操作后，"参与方式"的后方会显示"分享直播间参与"，点击"发起福袋（100 抖币）"按钮，如图 9-24 所示。

Step 06　执行操作后，直播间中会出现图标，并且会显示福袋开奖的倒计时，如图 9-25 所示。

图 9-22

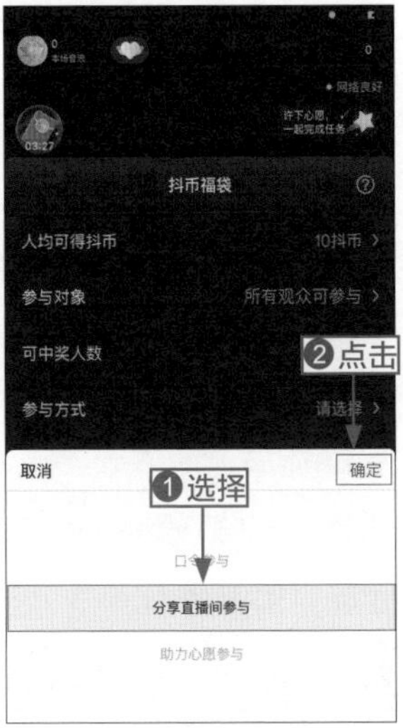

图 9-23

图 9-24

图 9-25

特别
提醒

红包是所有用户都可以抢的，而对于福袋，则可以设置
其参与方式，只有满足了条件的用户才可以获得参与资格。
因此，相比之下，福袋引流通常会更有针对性。

9.3.3 话题引流：让获得的流量更加精准

有的用户会通过搜索话题关键词，查看自己感兴趣的内容。而且抖音盒子平台还带有"热门话题"功能，在短视频的播放界面展示了话题内容的入口。那么，运营者要如何参与热门话题呢？

具体来说，运营者在刷抖音盒子短视频时，如果看到短视频中显示了自己感兴趣的"热门话题"，可以点击该话题对应的按钮，如图9-26所示。执行操作后，即可进入该话题的详情界面，该界面会展示与这个话题相关的短视频。如果运营者要参与该话题，只需点击界面中的"立即参与"按钮，如图9-27所示，并发布合适的短视频，即可参与话题。

图 9-26

图 9-27

除此之外，运营者还可以在发布界面中添加话题，具体操作步骤如下。

Step 01 进入抖音盒子的"发布"界面，选择"话题"选项，如图9-28所示。

Step 02 执行操作后，会弹出"添加话题"对话框，选择对话框中的话题，如图9-29所示。

Step 03 执行操作后，"话题"后方会显示具体的话题名称，如图9-30所示。此时，运营者只需点击"发布"按钮，即可借助话题进行引流。

图 9-28　　　　　　　图 9-29　　　　　　　图 9-30

特别提醒　　笔者写稿期间，发布短视频只能添加抖音盒子平台提供的几个话题，而不能自行编写话题。因此，运营者在发布短视频时，一定要重视话题的选择，注重话题与内容的关联性。

9.3.4　热点引流：提高内容的受欢迎程度

除了热门话题之外，短视频播放界面中还会显示"热点商品"的入口。运营者只需点击对应的热点商品按钮，如图 9-31 所示，即可进入该热点商品的详情界面，查看与其相关的商品，如图 9-32 所示。运营者可以查看该界面中的商品及其相关的带货短视频，然后据此制作符合该热点的带货短视频，从而让你的带货短视频被更多用户看到。

9.3.5　笔记引流：提高视频内容的点击率

抖音盒子平台的短视频中自带笔记功能，运营者可以借助该功能展示商品的优势，增加用户的购买欲望。具体来说，短视频播放界面只会显示"查看笔记"按钮，用户点击该按钮才可以查看笔记的内容，如图 9-33 所示。部分用户可能会忍不住想要查看笔记的内容，这样一来用户观看短视频的时长便增加了。

图 9-31　　　　　　　　　　　图 9-32

图 9-33

那么，运营者要如何为短视频添加笔记呢？具体操作步骤如下。

Step 01　进入已发布短视频的播放界面，点击"添加笔记章节，获更多流量"按钮，如图 9-34 所示。

Step 02　执行操作后，会弹出笔记的相关对话框，并且对话框中会显示笔记的填写提示，如图 9-35 所示。

图 9-34

图 9-35

Step 03 ❶在笔记的相关对话框中输入笔记内容；❷点击"发布笔记"按钮，如图 9-36 所示。

Step 04 执行操作后，会弹出"确认发布吗？"对话框，点击对话框中的"确认发布"按钮，如图 9-37 所示。

图 9-36

图 9-37

Step 05 执行操作后，短视频播放界面中会显示"发布成功"，如图 9-38 所示。

Step 06 此时运营者只需点击短视频播放界面中的"查看笔记"按钮，即可在弹出的对话框中查看已发布的笔记内容，如图 9-39 所示。

图 9-38

图 9-39

 特别提醒 笔者写稿期间，抖音盒子的"发布"界面中未提供笔记的编写功能。因此，如果运营者要为短视频添加笔记，还需找到已发布的短视频，并根据本小节的相关操作输入笔记内容。

9.3.6 口碑引流：将带货好评转化为流量

抖音盒子平台会根据运营者的带货情况进行口碑的评估，并且当运营者的带货口碑比较好（即用户的好评多）时，还会在"首页"界面中显示其带货口碑超过同行的比例。因此，那些带货口碑比较好的运营者会获得更多流量。

如图 9-40 所示，某个运营者的带货口碑超过了 99% 的同行。也正是因为如此，很多用户看到这个高百分比时，都会忍不住点击查看直播内容。这样一来，运营者便可以借助口碑获得一定的流量。

图 9-40

当然，为了提高自身的带货口碑，运营者还需要做好选品、商品讲解和售后等工作，让用户享受良好的购物过程，这样才能让更多用户给出好评。

9.3.7　账号引流：为用户提供你的联系方式

运营者可以合理利用自己的账号进行引流，利用抖音盒子的流量，并创建专门的社群，构建自己的私域流量池。例如，可以在账号简介中展示自己的联系方式，如图 9-41 所示。等用户添加你的联系方式之后，运营者可以将其拉入社群中，让用户成为你的私域流量。

图 9-41

当然，运营者也可以换一下思路，在其他平台中展示抖音盒子账号的相关信息，增加抖音盒子账号的曝光量，让更多用户看到你的账号，并主动查看账号中的内容。

Chapter 10

第10章
营销推广：吸引用户关注，带来大量流量

在运营抖音盒子账号和抖店的过程中，进行一些营销推广是很有必要的，这不仅可以让发布的内容和商品吸引更多用户的关注，还可以增加相关商品的销量。本章，笔者就来为大家讲解营销推广的相关方法，帮助大家快速增加流量，从而获得更多的收益。

10.1　常用工具：利用抖店后台做好营销

商家可以通过抖音小店中的各种营销工具进行营销推广，以吸引更多用户的关注，甚至是吸引用户下单购物。这一节，笔者就为大家介绍抖音小店中常见营销工具的使用方法。

10.1.1　购买优惠：给潜在顾客发放优惠券

商品优惠券是指在购买商品时可以获得一些优惠的电子券。虽然有时候使用优惠券获得的优惠比较有限，但是只要有优惠券就能增加商品对用户的吸引力。因此，商家可以通过给潜在顾客（即用户）发放优惠券来刺激顾客消费。具体来说，商家可以通过如下操作创建商品优惠券，让用户看到优惠信息。

Step 01 进入抖店后台，单击"首页"页面上方菜单栏中的"营销中心"按钮，如图 10-1 所示。

图 10-1

Step 02 执行操作后，在"抖店｜营销中心"页面中，❶单击"营销工具"板块中的"优惠券"按钮，进入"新建优惠券"页面；❷单击"商品优惠券"中的"立即新建"按钮，如图 10-2 所示。

Step 03 执行操作后，进入"新建商品优惠券"页面，如图 10-3 所示。根据要求在该页面中填写相关信息，并单击页面下方的"提交"按钮。

图 10-2

图 10-3

Step 04 执行操作后，用户在相关商品的信息中便可以看到商品优惠券信息。图 10-4 所示为某抖音盒子短视频中关联的商品，该款商品的信息中便显示了"满 1000 减 400"的优惠券。

图 10-4

10.1.2　限时限量：适当地给用户一些压力

　　限时限量购是指在规定时间内低价销售商品或低价为用户提供少量商品。因为此时商品是限时或限量销售的，所以用户为了低价购买到商品会抓紧时间下单，这也就达到了促进销售的目的。具体来说，商家可以通过如下步骤创建限时限量购活动。

Step 01 进入抖店的营销中心后台，❶单击导航栏"营销工具"板块中的"限时限量购"按钮，进入对应页面；❷单击"立即创建"按钮，如图 10-5 所示。

图 10-5

Step 02 执行操作后，进入"设置基础规则"板块，如图 10-6 所示，根据系统提示在该板块中填写相关信息。

图 10-6

Step 03 执行操作后，滑动页面至"选择商品"板块，❶单击该板块中的"添加商品"按钮；在弹出的"选择商品"窗口中，❷选中对应商品前方的复选框；❸单击下方的"选择"按钮，如图 10-7 所示。

图 10-7

Step 04 执行操作后，"选择商品"板块中会出现已添加商品的相关信息，单击页面下方的"提交"按钮，如图 10-8 所示，即可完成限时限量购活动的创建。

图 10-8

10.1.3　满减活动：让用户享受到一些福利

满减活动是通过设置购买金额或数量进行促销的一种营销方法，当用户的单次购买金额或数量达到要求之后，便可以享受一定的优惠，因此参与满减活动的商品往往更能吸引用户下单购买。具体来说，商家可以通过如下操作创建满减活动。

Step 01　进入抖店的营销中心后台，❶单击导航栏"营销工具"板块中的"满减"按钮，进入"满减"页面；❷单击"立即新建"按钮，如图 10-9 所示。

图 10-9

Step 02　执行操作后，进入"新建活动"页面。商家可以在该页面中根据活动类型（包括满 N 元优惠和满 N 件优惠），对满减活动的相关信息进行设置。图 10-10 所示为"满 N 件优惠"板块的部分信息。

图 10-10

Step 03　商家只需在对应板块填写相关信息，并单击页面下方的"提交"按钮，即可完成满减活动的创建。

10.1.4 定时开售：通过预热造势引爆销量

定时开售就是将商品设置为固定时间开始出售，使用定时开售工具可以引起用户的好奇心，达到为商品造势的目的。具体来说，商家可以通过如下步骤将商品设置为定时开售。

Step 01 进入抖店的营销中心后台，❶单击导航栏"营销工具"板块中的"定时开售"按钮，进入"定时开售"页面；❷单击"添加商品"按钮，如图 10-11 所示。

图 10-11

Step 02 执行操作后，会弹出"添加商品"对话框。商家选中对话框中对应商品前方的复选框，并单击"提交"按钮，即可将商品设置为定时开售。

10.1.5 拼团活动：吸引大量用户同时下单

拼团活动是指多人一起购买便可以享受优惠的一种活动，通过设置拼团活动，可以吸引大量用户同时下单，在短期内有效增加商品的销量。具体来说，商家可以通过如下步骤设置拼团活动。

Step 01 进入抖店的营销中心后台，❶单击"营销工具"板块中的"拼团"按钮，进入"拼团"页面；❷单击"立即创建"按钮，如图 10-12 所示。

Step 02 执行操作后，进入"创建活动"页面的"设置基础规则"板块，如图 10-13 所示。商家需要根据页面提示，填写相关信息。

Step 03 执行操作后，滑动页面至"选择商品"板块，❶单击该板块中的"添加商品"按钮；在弹出的"添加商品"窗口中，❷选中对应商品前方的复选框；❸单击下方的"选择"按钮，如图 10-14 所示。

图 10-12

图 10-13

图 10-14

Step 04 执行操作后，返回"拼团"页面，选中"配置范围"中 SKU 前方的单选按钮，进入 SKU 选项卡，商家可以在该选项卡中设置拼团商品的拼团价、活动库存和每人限购等信息，如图 10-15 所示。设置完成后，单击页面下方的"提交"按钮，即可创建拼团活动。

图 10-15

10.1.6　定金预售：开售前先获取一些订单

定金预售是指买家只需预付一部分定金便可预定商品，然后在约定时间内支付尾款即可完成交易。通过定金预售，商家可以在商品正式开售之前，就获得一批订单。具体来说，商家可以通过如下操作设置定金预售活动。

Step 01 进入抖店的营销中心后台，❶单击导航栏中"营销工具"板块中的"定金预售"按钮，进入"定金预售"页面；❷单击"立即创建"按钮，如图 10-16 所示。

图 10-16

Step 02 执行操作后，进入"创建活动"页面的"基础规则"板块，如图 10-17 所示。根据页面提示，填写该板块中的信息。

图 10-17

Step 03 执行操作后，滑动页面至"选择商品"板块，❶单击板块中的"添加商品"按钮；在弹出的"选择商品"窗口中，❷选中对应商品前方的复选框；❸单击下方的"选择"按钮，如图 10-18 所示。

图 10-18

Step 04 执行操作后，返回"创建活动"页面，此时页面中会出现已选择的商品的相关信息。图 10-19 所示为已选商品的 SKU 选项卡。商家只需对该选项卡中的信息进行设置，并单击页面下方的"提交"按钮，即可完成定金预售活动的设置。

图 10-19

10.1.7　拍卖活动：让商品以较高价格售出

拍卖活动，即专门进行商品拍卖（出价高者得）的活动。如果商家销售的是一些价值高的商品，或者是孤品，那么便可以通过拍卖活动进行商品销售，以提高商品的成交价。具体来说，商家可以通过如下操作创建拍卖活动。

Step 01　进入抖店的营销中心后台，❶单击导航栏中"营销工具"板块中的"拍卖"按钮，进入"拍卖"页面；❷单击"立即创建"按钮，如图 10-20 所示。

Step 02　执行操作后，进入"创建活动"页面的"基础规则"板块，如图 10-21 所示，根据提示在该板块中填写相关信息。

Step 03　执行操作后，滑动页面至"选择商品"板块，❶单击板块中的"添加商品"按钮，会弹出一个窗口；❷选中窗口中需要添加的商品；❸单击下方的"选择"按钮，如图 10-22 所示。

图 10-20

图 10-21

图 10-22

Step 04 执行操作后，即可将商品设置成拍卖商品。此时，商家只需在抖音直播中添加这些商品，便可以将商品进行拍卖。

10.1.8　裂变营销：刺激用户分享你的直播

裂变营销是用来增加直播互动的一种新玩法，可以刺激用户分享直播间，为直播间带来更多流量。下面，笔者就来介绍裂变营销的创建方法。

Step 01 进入抖店的营销中心后台，❶单击导航栏中"营销工具"板块中的"裂变营销"按钮，进入"裂变营销"页面；❷单击"立即创建"按钮，如图 10-23 所示。

图 10-23

Step 02 执行操作后，进入"创建活动"页面的"设置基础规则"板块，如图 10-24 所示，根据系统提示填写该板块中的信息。

图 10-24

Step 03 执行操作后，滑动页面至"选择合作达人"板块，如图 10-25 所示，在该板块中设置授权作者和达人账号。

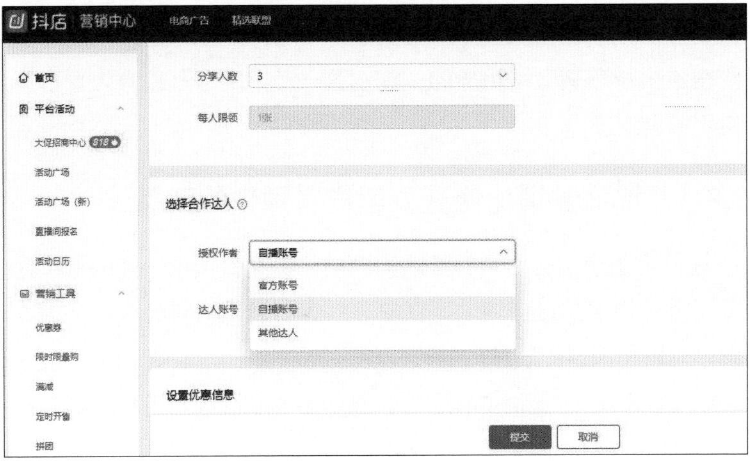

图 10-25

Step 04 执行操作后，滑动页面至"设置优惠信息"板块，如图 10-26 所示。在该板块中设置分享者优惠和被分享者优惠的相关信息，并单击页面下方的"提交"按钮，便可完成裂变营销的设置。

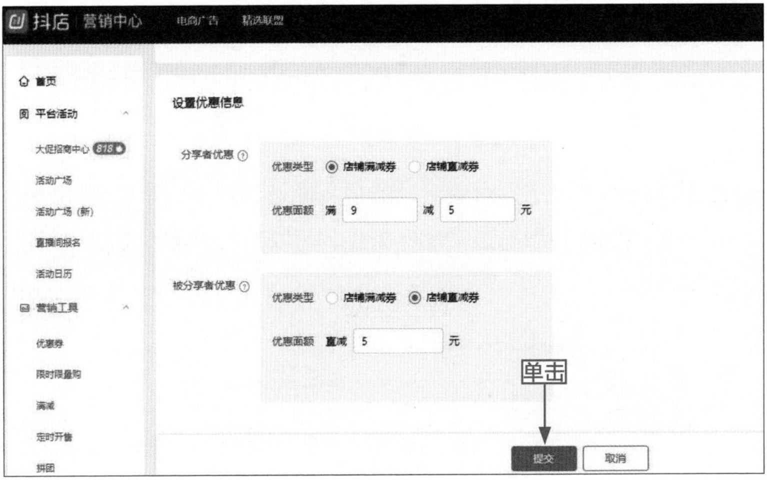

图 10-26

10.2　推广技巧：掌握营销的实用方法

除了使用抖店后台提供的营销工具进行推广之外，商家还可以通过一些推广技巧来吸引用户的关注。这一节，笔者就来为大家讲解几个实用的推广技巧。

10.2.1　活动营销：让更多用户看到你的商品

在抖店营销中心后台的"活动广场"页面会展示一些平台活动，商家可以积极参加这些活动，以提高抖店和商品的曝光量。下面，笔者就来介绍参加抖店后台活动的操作方法。

Step 01　进入抖店的营销中心后台，❶单击导航栏中"平台活动"板块中的"活动广场"按钮，进入"活动广场"页面的"全部活动"选项卡；❷单击该选项卡中某个活动后方的"查看活动"按钮，如图 10-27 所示。

图 10-27

Step 02　执行操作后，进入对应活动的报名通道页面，如图 10-28 所示。如果商家的店铺满足参与该活动的条件，可以单击"商品报名"按钮，参加该活动。

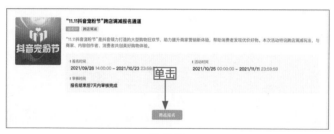

图 10-28

Step 03 执行操作后，进入对应活动的"商品报名"页面，单击页面中相关商品后方的"报名"按钮，如图 10-29 所示。

图 10-29

Step 04 执行操作后，进入活动的商品信息设置页面，如图 10-30 所示。商家需要选中商品前方的复选框、设置 SKU 信息，并单击"提交"按钮。

图 10-30

Step 05 执行操作后，即可提交商品报名申请。申请通过之后，相关商品即可参加对应的平台活动。

10.2.2 广告推广：让平台主动给你做推流

巨量千川是为搭建广告提供服务的一体化平台，商家可以通过如下操作在该平台设置直播和短视频带货的相关信息，进行广告投放。

Step 01 进入巨量千川平台，❶单击"推广"按钮，进入"推广"页面；❷在该页面中选择营销目标和推广方式；❸单击"新建计划"按钮，如图 10-31 所示。

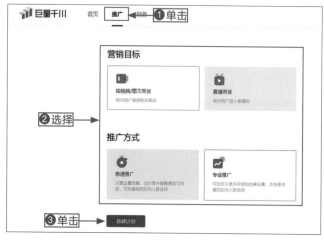

图 10-31

Step 02 执行操作后，进入商品选择页面，单击页面中的"点击添加商品"按钮，如图 10-32 所示，根据提示选择商品。

图 10-32

Step 03 执行操作后，进入创建计划页面，依次在"投放设置""定向人群"和"请为商品添加创意"板块中对相关信息进行设置，并支付对应的费用（图 10-33 所示为"投放设置"板块的相关信息），即可在巨量千川平台完成广告的投放。

图 10-33

10.2.3 分享推广：将内容转发给目标用户

商家可以将营销推广短视频转发给目标用户，如转发给社交软件中的好友、群成员等，从而让更多人看到你的商品，甚至是购买你的商品。具体来说，商家可以通过如下操作将营销推广短视频转发给目标用户。

Step 01 进入抖音盒子 App 中营销推广短视频的播放界面，点击 图标，如图 10-34 所示。

> **特别提醒** 如果商家想分享自己账号发布的营销推广短视频，那么短视频播放界面的内容会有一些差异，此时商家需要点击界面中的 图标。

Step 02 执行操作后，会弹出"分享至"对话框，点击该对话框中对应社交平台的按钮，如"微信好友"按钮，如图 10-35 所示。

Step 03 执行操作后，会弹出"下载中"对话框，并且系统会自动下载短视频，点击"复制口令发给好友"按钮，如图 10-36 所示。

Step 04 执行操作后，会弹出"'抖音盒子'想要打开'微信'"对话框，点击该对话框中的"打开"按钮，如图 10-37 所示。

图 10-34

图 10-35

图 10-36

图 10-37

Step 05 执行操作后，进入微信 App，选择短视频的分享对象（可以是某个微信号，也可以是微信群），如图 10-38 所示。

Step 06 执行操作后，进入对应分享对象的聊天界面，点击界面下方的输入框，如图 10-39 所示。

图 10-38

图 10-39

Step 07 执行操作后，❶在输入框中粘贴短视频口令；❷点击"发送"按钮，如图 10-40 所示。

Step 08 执行操作后，聊天界面中会出现短视频口令，如图 10-41 所示。被分享对象只需复制该口令，并打开抖音盒子 App，便可以看到商家分享的营销推广短视频。

　　在分享营销推广短视频时，商家也可以直接将下载好的短视频发送给分享对象，只是这样会影响抖音盒子账号获得的流量。因为很多人可能看到你发送的短视频之后，就不会再去抖音盒子查看对应的短视频了。这样一来，抖音盒子账号获得的流量无疑会有所减少。

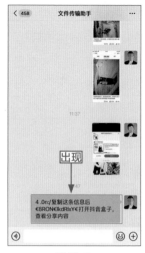

图 10-40   图 10-41

10.2.4 评论推广：有效增加账号的曝光量

在刷短视频的过程中，部分用户会比较关注评论，如果一个短视频没有人评论，那么用户可能会选择直接划过。因此，商家发布营销推广短视频之后，可以先自己留下一条评论，用户看到有评论内容之后，可能会去查看，甚至会对你的评论进行回复，这样短视频的评论量就会不断增加。而随着评论量的增加，短视频的热度也会随之提升，短视频及账号的曝光量自然也就增加了。具体来说，商家可以通过如下步骤，在自己已发布的短视频中留下评论。

Step 01 进入抖音盒子的个人主页界面，点击要发布评论的短视频的封面，如图 10-42 所示。

Step 02 执行操作后，进入短视频的播放界面，点击界面中的💬图标，如图 10-43 所示。

Step 03 执行操作后，❶在弹出的评论区对话框中输入评论内容；❷点击"发送"按钮，如图 10-44 所示。

Step 04 执行操作后，商家输入的内容便会出现在评论区中，如图 10-45 所示。

图 10-42

图 10-43

图 10-44

图 10-45

　　除了可以在自己已发布的短视频中进行评论之外，商家还可以在他人的短视频评论区留下自己的评论。如果用户对你的评论比较感兴趣，那么便会点击你的账号头像进入你的主页，如图 10-46 所示，部分用户可能还会查看你发布的短视频。因此，有时候一个精彩的评论，也会为你的账号带来大量的流量。

图 10-46

10.2.5　同步推广：将视频共享至抖音平台

商家可以通过抖音盒子的同时发布功能，将短视频共享至抖音平台，让抖音平台上的用户也能看到你的短视频，具体操作步骤如下。

Step 01　进入抖音盒子 App 的"发布"界面，❶设置界面中的相关信息；❷选中"同时发布到抖音"前方的复选框；❸点击"发布"按钮，如图 10-47 所示。

Step 02　执行操作后，会自动进入"首页"界面，并播放短视频内容，如图 10-48 所示。

Step 03　此时，商家使用绑定的抖音号登录抖音 App，点击"我"界面的第一个短视频封面，即可看到同步至抖音平台的短视频，如图 10-49 所示。此时就说明短视频已成功发布至抖音平台，该平台上的部分用户也能看到这个短视频。

图 10-47

图 10-48

图 10-49

10.2.6 讲解推广：增加直播商品的曝光量

在抖音盒子平台进行直播的过程中，商家可以使用"讲解"功能为用户查看和购买对应商品提供便利，从而增加该商品的曝光量，具体操作步骤如下。

Step 01 进入抖音盒子 App 的直播界面，点击 图标，如图 10-50 所示。

Step 02 执行操作后，会弹出"直播商品"对话框，点击对话框中对应商品右侧的"讲解"按钮，如图 10-51 所示。

图 10-50   图 10-51

Step 03 执行操作后，对应商品的封面中会显示"讲解中"的字样，如图 10-52 所示。此时，用户便会看到直播中正在讲解的商品。

图 10-52

具体来说，商家使用"讲解中"功能之后，抖音盒子直播间中会显示"讲解中"卡片，如图 10-53 所示。用户点击该卡片便可以进入该商品的详情界面进行查看或购买商品，如图 10-54 所示。

图 10-53

图 10-54